教育
プレゼンテーション

目的・技法・実践

渡部 淳＋獲得型教育研究会―［編］

旬報社

[目次]

第1部 教育プレゼンテーションのねらいと技法の活用

1──本書の目的と特徴……10
2──本書の構成……11
3──本書の活用……13
4──教育プレゼンテーションの哲学……14
5──なぜアクティビティ研究なのか……16
6──獲得型の教育とは……17
7──獲得型学習モデル……19
8──おわりに──新しい専門家になるために……21

第2部 30の技法

はじめの一歩

1 世界一短いスピーチ
解説……24／実践 短いスピーチで朝のあいさつ（小学校1年生）……25

2 1分間スピーチ
解説……27／実践 夏休みの思い出を話そう（大学1年生）……28

3 即興スピーチ
解説……30／実践 即興自己紹介（高校3年生）……31

4 ショー＆テル
解説……33／実践 「わたしの宝物」を紹介します（小学校1年生）……35

5 なりきりスピーチ
　解説……37／**実践** 緒方貞子さんになって話してみよう（高校3年生）……38

コラム1　教育プレゼンテーションの第一歩……40
コラム2　スピーチの身体技法のヒント……41

「ことばモード」に重点をおいたプレゼンテーション

6 スピーチ
　解説……42／**実践** ホームルーム担任の第一声（大学4年生）……45

7 半即興スピーチ
　解説……50／**実践** ビジネスマンに英語は必要か（高校1年生）……53

8 暗唱
　解説……58／**実践**「外郎売(ういろううり)」を体験しよう（大学2年生）……60

9 朗読
　解説……64／**実践**「はらぺこあおむし」のストーリーテリング（大学4年生）……67

10 群読・コール
　解説……72／**実践** 留学生たちが谷川俊太郎の「生きる」に挑戦（大学、留学生）……74

11 公開インタビュー
　解説……79／**実践** 異文化キャラバン隊とアジアをひとまわりしよう！（大学、留学生）……81

12 クイズ・ショー
　解説……86／**実践** 音楽クイズショー（社会人）……88

13 架空シンポジウム
　解説……93／**実践** どうする、天然記念物アユモドキの保護（高校3年生）……96

14 ニュース・ショー
　解説……101／**実践** オノマトペで天気を伝えたら（大学3年生）……104

「ものモード」に重点をおいたプレゼンテーション

15 ポスター・セッション
　解説……109／**実践** NZの学校でおはしの使い方を紹介しよう！(高校1年生)……112

16 フォト・スライドショー
　解説……117／**実践** 留学生のJ君、日本での10か月をふりかえる！(高校2年生)……119

17 PCプレゼン
　解説……124／**実践** ハリー・ポッターのすべて(高校2年生)……127

18 ビデオ作品
　解説……132／**実践** 先生のCMをつくろう！(高校2年生)……135

19 ガイドツアー
　解説……140／**実践**「世界の教育」フェア(大学院生)……142

20 紙芝居
　解説……147／**実践** 紙芝居で考える「悪質商法」(高校2年生)……150

21 人形劇
　解説……155／**実践** こんたろう、このあとどうする？(小学1年生)……157

22 もの作り(オブジェ、展示空間など)
　解説……162／**実践** オーストラリア発・お弁当をデザインしよう！(小学5年生)……164

コラム3　話し方のヒント……169

コラム4　聞き方のヒント……171

「身体モード」に重点をおいたプレゼンテーション

23 フリーズ・フレーム
解説……173／実践 一年をふり返るクイズをつくろう！(小学1年生)……175

24 なりきりプレゼンテーション
解説……179／実践 私ミミズ(高校3年生)……181

25 CM発表
解説……186／実践 ドラマ教育をCMにしたら(大学3、4年生)……189

26 再現ドラマ
解説……193／実践 わが家のルール(小学6年生)……195

27 ホット・シーティング
解説……199／実践 市長になって考えてみよう(中学3年生)……202

28 ディベート・ドラマ
解説……207／実践 ドメスティック・バイオレンス殺人未遂事件(高校2年生)……210

29 ダンス
解説……216／実践 身体で中空にイメージを描く(大学2年生)……218

30 パフォーマンス
解説……223／実践 メロスになって走ってみる(大学院生)……226

コラム5　聴き取りやすいスピーチのために……230

コラム6　メディア・リテラシー……231

第3部　応用編

1 | **お天気さいばん**
お天気のかみさま、おねがいきいて！（小学2年生）……**234**

2 | **全校で取り組む「国際理解の日」**（中学1-3年生）……**239**

3 | **高校生プレゼンフェスタ**
海外の高校生に伝えたい日本！（高校1-3年生）……**245**

4 | **教師たちのプレゼンフェスタ**
ニュース・ショー形式で考える東京大空襲（小―大学教員）……**251**

あとがき……**258**

第1部

教育プレゼンテーションのねらいと技法の活用

1──本書の目的と特徴

　私たちは、新しい時代を生きる市民の共通教養の中核に、参加型アクティビティの習得を据えたいと考えている。そして教育プレゼンテーションを「自立的学習者＝自律的市民」を育てる学習ツールの一つとして位置づけている。
　自立的学習者というのは、知識はもちろん豊かな学びの経験をもち、そして学びの作法も身につけた学習者のことだ。こうした学習者の形成には、プレゼンテーション、ディスカッション／ディベートなど、アクティビティを用いた参加・獲得型の学習活動の経験が不可欠である。さらにいえば、このような学習者像は、グローバル化した世界で求められる自律的市民の姿と重なってくるものだ。

　いま日本を「プレゼン・ブーム」が席巻している。ただ、これまで刊行された出版物は、どちらかといえばビジネス・プレゼンテーションに関連したものが多く、管見の限り、教育の場で行われるプレゼンテーションを総合的に扱う本はなかった。おそらく本書の刊行が、教育プレゼンテーションの目的、技法、実践事例を総合的に扱ったはじめての試みと思われる。

　本書は「アクティビティ・ブック」と「実践事例集」という２つの性格を併せもった本である。この本には３つの特徴がある。
　第１の特徴は、30種類のプレゼンテーション技法を収録した「アクティビティ・ブック」だという点にある。とりわけ工夫したのは、30の技法を、ことば、もの、身体という"表現活動の三つのモード"に対応する範疇（カテゴリー）で分類したことである。さらには30項目のなかに、全身を使って表現するプレゼン技法を豊富に盛り込んでいる。

第2の特徴は、プレゼンテーション技法を使った「実践事例集」だという点にある。ここには小学校から大学、さらには社会教育まで、幅広い実践が収録されている。ただし、いわゆるモデル授業を紹介する本ではない。うまく行かなかった場面も含めて、ありのままの実践を報告したものだからである。

　このように、プレゼン技法と実践事例をセットで記述する方式にしたのは、それによって読者が、技法の活用場面の実際を、より具体的にイメージできるようになるからだ。

　このこととも関連するが、第3の特徴は、プレゼンテーション技法と他の技法（ウォーミングアップ、リサーチワーク、ディスカッション／ディベート、ドラマワークなど）とのつながりや組み合わせを明示した点である。実際の学習場面では、必ずしもプレゼンテーションが活動のゴールにくるわけではない。例えば、グループでのリサーチワークから、発表活動に移行し、その情報をもとにクラス全員がさらにディスカッションを行うというように、プレゼンを学習プロセスの一部に組み込んで活用するケースが多いからである。

2―本書の構成

　本書の第1部「教育プレゼンテーションのねらいと技法の活用」は教育プレゼンテーションをめぐる概説である。本書の活用の仕方から成り立ち、さらには背景となる哲学まで、幅広く解説している。第2部が本書のボディーにあたる部分である。ここでは、30のプレゼン技法と実践例、さらには技法を活用する際にヒントとなる5つのコラムを収載している。第3部の「応用編」では、比較的規模の大きい実践を紹介している。

　ここでは**第2部**「**30の技法**」の構成を、もう少し具体的に説明させていただこう。「**はじめの1歩**」には、5つのスピーチ技法を収録した。2ページないしは3ページのなかに技法の「解説」と「実践」を配したコンパクトな構成である。

　スピーチとプレゼンテーションは、しばしば不可分のものと考えられていて、両者は技法の特徴という点からいっても連続性の高いものである。そこ

で「**はじめの一歩**」は、スピーチのなかでも、とくに初心者がとりくみやすいものだけを選んで構成している。読者はこれらの技法を、独立したプログラムとしても、またそれ以後の活動につながるウォーミングアップとしても活用できるだろう。

　本書の中核をなすのが「『**ことばモード**』に重点をおいたプレゼンテーション」、「『**ものモード**』に重点をおいたプレゼンテーション」、「『**身体モード**』**に重点をおいたプレゼンテーション**」である。ここに収録した25の技法を、「表現の三つのモード」に対応させて分類している。三つのモードというのは、ことば（話し言葉／書き言葉）、もの（ポスター、衣装、パワーポイントなど）、身体（表情、しぐさ、身振りなど）をさす。

　「ことばモード」（9技法）のパートでは、とくに話し言葉による表現の比重が高いものを選んで構成した。「ものモード」（8技法）のパートでは、ポスター、スライド、紙芝居などの道具を活用した表現技法を紹介した。「身体」（8技法モード）のパートでは、「〇〇になって」演劇的に表現する活動やダンスなど、全身をつかって表現する技法を紹介した。

　ここでは各項目のページ数を拡大し「解説」2～3ページ、「実践」4～6ページで構成している。「解説」には、「定義・ねらい・手順・活用のヒント」に加えて「応用・参考文献」をおいた。「実践」の比重を大幅に高めたのは、読者が実践に取り組もうとするときの手がかりを多くするためである。例えば、学習プロセスのデザインの仕方、学習場面で実際に起こるだろうこと、実践のふり返りの視点などがそれである。掲載した事例は、本書のために新しく実践したものが大部分だが、なかには過去の実践をあらためて起稿したものが含まれていることをお断りしておきたい。

　少し詳しくみよう。「実践」は、①実践の条件、②準備活動、③発表の場面、④生徒／教師の変容、⑤ふり返りの視点という5つの側面から叙述している。
　「1.実践の条件」では、多少の粗密はあるものの、授業のねらい、当該技法を導入する理由、実践の客観的条件（プログラムの概要、学習者の人数構成、彼らの発表学習への親しみの度合い、実践に使った時間等）を簡潔に示している。

「2.準備作業」では、発表にいたるプロセスを報告する。教師のはたらきかけ、学習者によるリサーチワークの概要、作業にかかった時間や作業量などを、やはり簡潔に報告している。

「3.発表の場面」が報告の要であり、教師側の視点から、いちばんタップリと記述した部分である。発表の様子、発表の内容、観客側の反応、両者の交流、うまく進んだ点・進まなかった点などを、発表から振り返りまでの一連の流れを意識して報告している。一回性という授業実践の性格が色濃くでるパートといえる。

「4.生徒／教師の変容」は、プレゼンテーションに取り組んだことでどんな"気づき"があったのか、学習者のコメントの分析などを通して簡潔に報告している。

「5.ふり返りの視点」では、授業のねらいがどの程度達成されたのか、当該技法の導入と関連づけて簡潔に示している。

第3部「応用編」には、小中高の実践と教員研修にかかわる4つの実践を収録した。ここのパートは、大規模な取組みや学校をまたがった取組みなど、比較的特色がはっきりとでる実践で構成している。その結果、プレゼン技法とディスカッションやリサーチワークなどの技法の組み合わせ方が、より明瞭にわかる事例になっている。あえて応用編と名づけた理由がそこにある。

3─本書の活用

本書は、あらゆる教育関係者を読者対象に想定している。小学校から大学まで、新人からベテランまで、校種の違いを超えてだれでも気軽に活用できる内容だからである。また、社会教育の関係者、ワークショップ・リーダー、これから教員をめざす学生にも有用な本だと確信している。

先述した通り本書は、「アクティビティ・ブック」の性格と「実践事例集」の性格をあわせもつ本で、読者の自由な活用を期待したものである。

まずは、プレゼンテーション技法のメニュー表として眺めていただければと思う。自分がすでに取り入れてきたもの、まだやっていないものなど、色々な技法に出会えるだろうし、プレゼン技法それ自体の広がりも確認して

いただけるかと思う。メニューを眺めることで、自然に、実践のイメージトレーニングにもなるだろう。

そのイメージトレーニングということに関連してだが、本書が小学校から大学までの実践を一望できる「実践事例集」であることから、それぞれの実践者の個性が表現された読み物としても、さらには一回性のドラマを含む"学びの場"の連作物語としても、楽しむことができるだろう。

一歩踏み込んで、実際にできそうな技法から導入に挑戦してみることもよいだろう。実践者の最大の喜びの一つが、とりあげる学習内容や学習者の状況にあわせて、自分で技法を選び、プロセスをデザインし、運用に向けて工夫を重ねることだからである。

さらには、本書の「実践事例」の記述の5つの視点に沿って、事後に自分の実践をふり返ることができれば、次の挑戦への動機づけにつながるだろうことは、いうまでもない。

試行を重ねて、使いこなせる技法のストックが増えればふえるほど、学びのデザイナーとしての自覚も高まっていくという好循環が生まれるはずである。とりあえずは、読者が新しいスタイルの授業に挑戦するときの参考資料として活用していただければと願っている。

4―教育プレゼンテーションの哲学

ここから、本書成立の背景についても見ておこう。ビジネスの世界では、教育界以上に、プレゼンテーション能力の必要性が叫ばれていて、出版物も次々に刊行されている。では、ビジネス・プレゼンテーションと教育プレゼンテーションの間に大きな違いはあるのだろうか。ビジネス書にあらわれた「プレゼンテーション能力」を探っていくと、2つのキーワードが浮かび上がってくる。

まず、多くの本で、正確に伝える、論理的に伝える、分かりやすく伝える、大切なことだけを伝える、相手が聞きたいと思っていることを伝える、といった具合に、「伝える工夫」の大切さが強調されている。

これと関連して強調されるのが「伝える力」である。相手の記憶に残る伝え方、相手の心をつかむ伝え方、相手の心を惹きつける伝え方、相手を納得

させる伝え方、相手の共感をよぶ伝え方が実際にできることが大切だという。

こうして見る限り、教育プレゼンテーションで求められる「伝える工夫」や「伝える力」とそう大きな違いがないように見える。一番大きな違いはそれらではなく、むしろ大本にある「伝える目的」の方にある。ゴールの設定の仕方といってもよい。ビジネス・プレゼンの場合には、企業内でこちらの企画を通すにことにしろ、だれかに商品を購入してもらうことにしろ、相手を説得し、相手の認識や行動の変容を促すことがゴールであり、そのためのツールがビジネス・プレゼンテーションだといえる。

では、教育の場でプレゼン技法を活用する目的はどこにあるのだろうか。ごく単純化していえば、教育プレゼンテーションの目的は、学習者がお互いを豊かにすることにある。プレゼンを準備する中で、発表者自身が学びを深め、そうして用意した情報やメッセージを聴き手にむけて発信する。聴き手はそれをうけとめて、質問・意見のかたちで発表者に応答し、発表者側のさらなる認識の深化をうながす。いわば、そうした"互恵的な学びのツール"が教育プレゼンテーションだといえる。

教育の場では、発表者と聴き手の役割が必ずしも固定していない。あるときは発表者になり、またあるときは聴き手になるというように、両方の立場を往復するのが一般的である。したがって、発表者の役にあるときは聴き手の立場に、聴き手の役にあるときは発表者の立場に、それぞれ配慮した対応が求められることになる。その意味で、よい発表者であることとよい聴き手であることとは表裏一体である。

これを教師がおこなう指導という点からいえば、よい発表者になるための指導だけでなく、よい聴き手になるための指導が欠かせないということである。聴き手の側が、発表の要点を正しく聞き取れたり、それを適切にメモできたり、臆せずに質問や意見を述べたりできたときに、学びの場がいっそう活性化するからだ。

これらのことは、先行文献でもすでに指摘されている点である。佐藤（2006）は、教育の場でのプレゼンテーションの特質が「一方的な意見の伝達でなく、インタラクティヴ（双方向的）なコミュニケーションである」ことだとし、質問者の発言が学びの活性化に寄与する点をとくに指摘している。これ

は学びの相互性・共同性の意義を強調する視点である。

　松本・河野(2007)は、教育の場でのプレゼンテーションを「一人または複数の話し手が中心となって、その場にいるみんなが影響し合うプロセス」だと定義したうえで、学習者同士が、言語、準言語、非言語をすべて活用して学んでいることに注意を促している。これも学びの相互性・共同性を強調する立場であるが、同時にプレゼンが全身的なコミュニケーションによって成り立っているとしている点が注目される。

　繰り返しになるが、教育プレゼンテーションの特徴は、それが仲間と一緒に学ぶ共同の学びのツールであり、発表者と聴き手が全身的なコミュニケーションを通じて"お互いを豊かにすること(＝互恵性)"をめざす学習活動だということにある。

　さらに渡部(2007a)は「(ドラマワークもプレゼンテーションも)表現内容が創作的であるか再現的であるかにかかわらず、いずれの場合も〈発表内容を創り出すプロセス〉を経過する活動」だとして、プレゼンテーションとドラマ技法など他の技法との連続性を強調している。

　これは教育プレゼンが、共同の学びのプロセスを構成する要素として他の範疇(カテゴリー)のアクティビティと有機的に組み合わされ、運用されるときに、よりいっそう大きな教育効果を発揮するという指摘である。

5──なぜアクティビティ研究なのか

　本書をより良く活用していただくために、少し広い視野から、以下の2点にもふれておきたい。それは、獲得型教育研究会(＝獲得研)がなぜ教育プレゼンテーションの研究にふみこむことになったのか、獲得研の模索の背景となっている思想はなにかという点である。

　まず、なぜ教育プレゼンテーションの研究なのかについて見よう。本章の冒頭で「自立的学習者＝自律的市民」の形成には、プレゼンテーションやリサーチワークなど、アクティビティを用いた参加・獲得型の学習活動の経験が不可欠であると述べたのだが、しかし残念ながら、これまでの日本では、参加・獲得型の学習活動を成立させる「アクティビティ(activity)」を体系的に習得する機会に恵まれた教師はきわめて少なかった。

その理由として、日本の教育界が長く「知識注入型授業」になじんできたことから、「獲得型授業」の前提となるアクティビティの研究の蓄積が乏しかったうえに、その必要性も十分には自覚されてこなかったことがあげられる。教育内容と教育方法を対立的にとらえる風潮も根強く、方法研究の意義を強調するだけで「それは方法主義である」という類のパターン化された批判が、いまだにまかり通る現実がある。一方では、1990年代のディベート・ブームにみられるように、海外から紹介された一つの技法が「万能薬」のようにもてはやされる風潮もある。
　一見して正反対に見える二つの風潮だが、実は同じ根から生じたものである。どちらの風潮も方法研究の土壌が十分に耕されてこなかったことの反映だからである。
　そこで2006年に、日本の教育風土にあったアクティビティの体系化とアクティビティを使いこなせる教師を育てる研修プログラムの開発を目的として獲得型教育研究会を創設した。「学習ツールとしてのアクティビティの体系化」とアクティビティを使いこなす「教師研修プログラムの開発」という2つのミッションは、いわば理論研究と応用研究に対応するものだが、これらに同時進行で取り組もうというのである。具体的には、校種や専門領域をこえて活用できるアクティビティ・ブックの刊行、開発したアクティビティの普及とメンバーの研修のための「あかり座」公演（全国各地での公開授業・ワークショップ）などを続けて今日にいたっている。
　こうした地道な試みの延長線上に、やがて新しい市民の共通教養の中核に参加型アクティビティの習得が据えられる時代がくるだろう、と考えるからである。

6──獲得型の教育とは

　つぎに2番目の獲得型教育の思想について見よう。獲得型教育という概念の成立は、1990年にさかのぼる。その年に、筆者が「知識注入型に偏りすぎた日本の授業のバランスを、獲得型授業の方向にじょじょに移行させるべきだ」と提唱したのである。知識注入型、獲得型という二つの概念は、もともとM.ヴェーバーのいう理念型である。

獲得型授業（＝学習者の活動としては獲得型学習）には、2つの側面が含まれる。1つは自学の訓練で、情報収集の活動から論文作成にいたる一連のプログラムがここに含まれる。この訓練は、"学び方を学ばせる"――思考の枠組み作りや情報更新の仕方など――という意味で獲得型授業において中核的な位置を占めるものである。
　2つ目は、参加型の学習活動で、ここではプレゼンテーションやディスカッションなどの表現活動が中心になっている。ただ、調べる訓練、書く訓練、発表や討論の訓練は一連のものであり、二つの側面は相互に密接につながりあっている。もちろん個人でリサーチした結果を一人でレポートにまとめるといった活動もあるが、グループワークを通した共同学習の比重が高いのも獲得型学習の特徴である。現段階における獲得型授業の定義は以下のようである。

> **定義1**：教師は、学習者に「全身で学ぶ」場を提供し、「自立的学習者」となるよう援助する。
> **定義2**：教師は、種々の「アクティビティ」を駆使して、学習者に知識だけでなく「知恵」（＝演劇的知）を獲得させる。

　獲得型授業の特質を一言でいえば、"アクティビティを通した学び"が展開されるところにある。リサーチやプレゼンなどの技法を活用して、授業のバランスを知識注入型から獲得型に移しかえていくと、学習のあり方に大きく2つの変化があらわれる。1つは、学びの全身化である。学習内容を、これまでのように認知的に理解することはもちろんだが、生徒たちが五感を駆使して感じ取ったり、知識を加工してそれを身体表現につなげたりというように、全身を駆使して活動的に学んでいくことになる。もう1つは、学びの共同化である。1人ひとりが分担してリサーチワークを行うだけでなく、集めた情報を持ち寄って表現し、それを素材にして議論を重ね、さらにテーマを深めていく、というように、知恵をだしあって学んでいくことになる。
　ここで「自立的学習者＝自律的市民」がもつ知恵についてもごく簡単にふ

れてみたい。

　知恵を広義の学力、コンピテンシーとみることもできるが、むしろ市民的資質との連続性にこそ注目すべきだろう。かつて筆者は、獲得型学習の特質にふれて、「知的探求の活動をパフォーマンスへと展開する過程で、学習者の内部に形成される、能動的で創造的な知」が演劇的知であり、それは「知識の構造や認識の仕方、身体への気づきや学びの作法の総体」(渡部2001)であると定義したことがある。

　ここでいう演劇的知は、以下の4つの要素で構成されるものである。すなわち、学習内容(対象)にかかわる知識、学びの体験、学びの作法、自己(存在)への気づき、の4つである。詳しくは、『教育におけるドラマ技法の探究』(渡部編　2014)を参照いただきたい。

　ちなみにここで自律的市民というのは、民主主義社会を支える市民像を指している。それは社会参加にむけた能動的な身体をもち、全身を駆使して自らのテーマを探究する豊かな経験とスキルをもち、民主的な討議を通じて社会的なルールや枠組みそのものを問い直すことができる開かれた発想と批判的理性をもつ市民のことである。

7──獲得型学習モデル

　先述したとおり、獲得型授業は2つの側面からなっている。自学のトレーニング、参加・表現型の学習活動がそれである。獲得研の共同研究を通して到達したのが、〈図1──獲得型学習の学習モデル〉である。

　この図は、獲得型学習を構成するアクティビティが4つの範疇からなり、それらが相互に促進しあう関係にあることを示している。リサーチワークを中核として、参加・表現型の活動であるプレゼンテーション、ディスカッション／ディベート、ドラマワークが等距離に並んだ形である。

　矢印は相互の関係性を示している。例えば高いレベルのディベートを行うには、双方が客観的に論議するに足る資料や論点を提供しあうことが不可欠である(リサーチワーク→ディベート)。また、ディベートを通して新たな論点が浮上し追加の調査が必要な場合もしばしば起こる(ディベート→リサーチワーク)。このようにリサーチワークは、学習内容の客観性、事実性を裏づける役割を

図1―獲得型学習の学習モデル

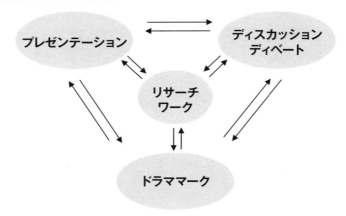

担っている。

　また、教育プレゼンテーションについていえば、それを成立させるアクティビティは「純粋な」プレゼン技法だけではない。例えば、プレゼンがグループ活動として効果を発揮するためには、学習者同士のディスカッション／ディベートが不可欠だからである。

　このように4つの要素は各々の活動を促進し相互に支えあう関係となっているのである。とりわけ、図の外側にある3つの要素同士の境界は必ずしも画然としておらず、相互に浸透的でかつ緩やかにつながっていると考えるべきである。

　この獲得型学習モデルをベースにしてつくられたのが本書である。先行して2冊のアクティビティ・ブックが出版されているので、それについても簡単に見ておこう。「獲得研シリーズ」の第1巻は**『学びを変えるドラマの手法』**である。ドラマ技法は、ある役柄になって考えたり演じたりするためのツールである。それを活用することで、学習者は実感をもって学ぶことができる。本書にも収録されているが、身体を使ってイメージを写真のように表現する「フリーズ・フレーム(静止画)」や「ホット・シーティング(質問コーナー)」など最も汎用性の高い6種類の「コア・アクティビティ」とそれに次ぐ10種類の「よく使われるアクティビティ」の活用を提案している。

「獲得研シリーズ」の第2巻は『**学びへのウォーミングアップ**』である。ここでは学びの場の雰囲気を柔らかくときほぐす70種類のアクティビティの活用を提案している。効果的なウォーミングアップは、豊かで深い学びの成立を準備する近道であり、学習者の"思いを声に出す勇気、動きだせる身体"を育むことにつながっている。

この2冊に続けて刊行に取り組んだのがシリーズ第3巻の本書『**教育プレゼンテーション**』である。シリーズ本のいずれにも共通するのは、アクティビティの紹介と一緒に、小学校から大学までの実践事例を掲載していることである。

おわりに——新しい専門家になるために

教師の側がプレゼン技法を習得することなしに、教育プレゼンテーションの深化はのぞめない。では、アクティビティを使いこなせる教師（＝獲得型教師）の資質とはどのようなものだろうか。ここでは、以下の3つのことが考えられる。

第1は、**活用できるアクティビティの豊かなストックを持つことである**。具体的には、先述した4つの要素（＋ウォーミングアップ）にまたがる技法のことだ。ドラマ・アクティビティなど日本でまだそれほど普及していない一部の例をのぞいて特別な技法というものはなく、その気になれば、アクティビティのストックを増やすことはそう難しいことではない。

第2は、**アクティビティの運用能力をもつことである**。これが獲得型教師の専門性の中核をなしている。アクティビティについて知っていることと、それを効果的に運用できることとは、まったく別のことである。たとえありふれた技法であっても、それをどんな文脈でどう活用するかを判断し、狙いに沿ったプログラムをデザインし、かつそれを効果的に運用できる教師が真の専門家である。

技法について知るのはさほど難しいことではないといったが、逆に、たった一つの技法であっても、それを自分のものにするまでには、それなりの試行錯誤が必要である。いろいろな状況で繰り返し実践し、反省を加えながら身体化していく必要があるからだ。

ましてや多くのアクティビティを使いこなせるようになるまでには、かなりの時間と経験が必要である。教師として様々な模索を重ねていく過程で、学びの場にはたらく力学を読みとる直観力、学習者の内面の変化をとらえる洞察力など、効果的な運用を支える実践的な知見が身についていくのであり、それが専門性の獲得に向けた自己トレーニングであることはいうまでもない。こうした専門的力量の形成は、実践の場を与えられた教師だけがもちうるものである。

　第3は、**表現者としての自己の特性を知ることである**。生徒を全身的な学びに誘おうとする教師は、自らの身体性にも自覚的であることが求められる。発声や姿勢、生徒と向き合う構え、自分が醸し出す雰囲気など、教師としての自らの身体技法にも分析を加えて、検証を続けることが必要になる。

　ここまで見てきた通り、専門家としての獲得型教師の資質形成は、とうてい大学の教師教育だけでできるものではない。長期にわたる（自己）研修が不可欠だからである。それは生涯にわたって続く歩みでもある。

　読者諸賢が、本書をふくむシリーズ本を存分に活用し、授業の新しい可能性を切り拓いていかれることを願っている。（渡部淳）

[参考文献]
佐藤信編(2011)『学校という劇場から』論創社
佐藤望編著(2006)『アカデミック・スキルズ』慶應義塾大学出版会
J.ニーランズ、渡部淳(2009)『教育方法としてのドラマ』晩成書房
松本茂、河野哲也(2007)『大学生のための「読む・書く・プレゼン・ディベート」の方法』玉川大学出版部
渡部淳(2001)『教育における演劇的知』柏書房
渡部淳(2007a)『教師　学びの演出家』旬報社
渡部淳(2007b)『大学生のための　知のスキル　表現のスキル』東京図書
渡部淳＋獲得型教育研究会編(2010)『学びを変えるドラマの手法』旬報社
渡部淳＋獲得型教育研究会編(2011)『学びへのウォーミングアップ　70の技法』旬報社
渡部淳＋獲得型教育研究会編(2014)『教育におけるドラマ技法の探究』明石書店

第2部

30の技法

はじめの一歩

解説
1｜世界一短いスピーチ

▶定義
　自分の名前と指定されたトピックに関することだけを言う、とても短いスピーチ。

▶ねらい
　だれでも簡単にできるスピーチ。トピックを変えて繰り返し行うことで、お互いに対する親しみが湧き、発言しやすい雰囲気をつくることができる。

▶手順
(1) 教師が、例えば「あなたの好きな食べ物を紹介してください」と指示する。
(2) 一人ずつ順番に立ち上がり「私は○○です。好きな食べ物は○○です」と紹介する。
(3) これを繰り返すだけである。

▶活用のヒント
・「このスピーチはどう上手に話すかが問題ではない。その人が話すために何を選んだかが重要なメッセージなんだよ」と伝えることで、話し手の負担をより軽くすることができる。
・トピックを「好きなスポーツ選手」、「好きなタレント」、「好きな音楽」、または「尊敬する人」など色々なバリエーションで行うとよい。

（編集委員会）

実践 1 | 世界一短いスピーチ

短いスピーチで朝のあいさつ

1.実践の条件

　入学したての小学校1年生。24人（男子12名、女子12名）のクラスだ。はじめての学校体験、はじめて出会った先生、友だち。まだ、お互いの名前すらおぼえていない。そして、字を書くこともおぼつかない子どもたちだ。クラスのみんなのことを知り合い、話を受け止められるやわらかな雰囲気をつくる時期だ。

　この時期は机を片づけて、全員で床に車座にすわって朝の会をやる。これならお互いの顔が見えるから、どんなに小さな声で話しても聞こえる。たとえ短い言葉であっても、声を発することが表現の第一歩になると考えて、「世界一短いスピーチ」を実践した。

2.準備作業

　「世界一短いスピーチ」の場合、話し手側の準備はほとんどいらない。話しやすくするために、教師の側が、だれでも何かしら思いあたるテーマを提示するからだ。

3.実践の場面（名前は仮名）

　「今から、朝の会をはじめます。名前をよばれたら、『はい』と返事して、自分の名前と好きな食べ物をいってね」

　「大家健太です。めんるい」、「川田美代子です。いちご」、「お肉」、「カレー」、「カレーライス」……。

　一年生の子どもたちは、友だちがいうと、それにつられて同じ答えが何人か続く。そうすると、笑い声がこぼれてくる。同じだという共感がわくのだろう。

　「先生、カレーが好きな子が12人もいたよ」と数えている子もいる。

「好きな動物をいってね」「好きな色をいってね」と簡単なことから、はじめる。一日でたくさんやってもいいが、毎日続けることも面白い。

そのうちに、みんな名前をおぼえてくる。同じものが好きだと親近感がわくのだろう。そのことで話がはじまる。この活動はしばらく毎朝続いた。24人いても、ほんの4、5分もあれば一巡する。

だんだんと、「将来なりたいもの」など、答えるのにややむずかしいことへと進む。朝の点呼なので、思いつかなかったら「元気です」など体調をいうのでもよしとする。

「将来なりたいものをいってね」そうすると、「マクドナルドの店員さんです」、「ケーキ屋さん」、「花屋さん」、「サッカー選手」に続けて、「にんじゃ」、「にんじゃ」と続く。学級通信などで知らせると、親たちにも、クラスにどんな子どもがいるのかが伝わっていくから一石二鳥だ。

4.児童／教師の変容

続けていくうちに、子どもたちから「お題」が出てくる。「好きなキャラクター」や「好きなお花」といったようなテーマだ。こういったささいなことを通じて、人間関係ができていくのが面白い。

教師の側には、子ども理解の一助になる。もちろん、情報そのものも話のきっかけになるし、答えの選び方もその子らしさを示してくれる。例えば、浩太くんはいつも一風変わった答えをする子だ。彼の将来なりたいものは「チーター」だった。足が速くなりたいのだそうだ。

5.ふり返りの視点

その後、子どもたちは自分たちで朝の点呼を行い、日直がその日のテーマを決めたりするようになっている。次第に、短いスピーチでは終わらず、それにまつわる話がはじまってしまうことがある。人間関係が深まってきた証拠だろう。

(宮崎充治)

解説 2 | 1分間スピーチ

▶定義

指定されたトピックについて、1分間で何かまとまったことを話すスピーチ。

▶ねらい

短い時間で多くの生徒に、皆の前で話す経験をさせることができる。学活や授業のひとこまに、気軽に取り入れることができるスピーチである。

▶手順

(1) 教師がトピックを指示する。例えば「この夏一番の思い出は何ですか?」など。1分間で話せるようなトピックにしぼる。
(2) 生徒の発表順を決め、一人ひとりクラスの前で発表する。

▶活用のヒント

・トピックとしては、行事の感想、家族紹介、本の紹介、部活紹介などがある。
・時間の区切りは、卓上ベルなどで鳴らすと分かりやすい。
・話す人の姿や表情が見えるように、発表の場面を工夫しよう。全体の前に出て話すのもよいが心理的な負担が大きい。学級全体が対面形式を作るなどして自席で起立して話すと、心理的負担は少なくてすむ。
・人数が多い場合は、小グループ(4~6人程度)に分けて行うこともある。こうすれば実施時間の短縮にもなるし、心理的負担も少ない。各グループに司会者を置き実施する。全体のタイムキーピングは教師がおこなうとよい。最後にグループごとにふり返りをおこない、グループ内の司会者が全体にフィードバックするとクラス全体に、話題が共有される。

(編集委員会)

はじめの一歩

実践 2｜一分間スピーチ

夏休みの思い出を話そう

1. 実践の条件

　日本大学法学部の一年次の必修科目「体育実技」の授業4クラスで実施（1クラス約30名、計120名ほど）。この授業は1年間を通して仲間とからだを動かし、運動を通じた健康促進の方法を学ぶと同時に、仲間づくりの大切な時間でもある。前期の授業の後、9月中旬の後期最初の授業で本実践を行ったため、学生たちは授業前に顔を合わせると「久しぶり」、「夏休みどうだった？」などと会話が盛り上がっていた。夏休みを振り返っての1分間スピーチを行うには、最適なタイミングだ。

2. 準備作業

　授業冒頭に「今日はみなさんの夏休みの思い出を、1分間でスピーチをしてもらいます」と伝える。「スピーチかよー」「だったら筋トレのほうが……」など、予想外の課題にあちこちから声が上がる。そこで以下の3点を学生に伝え、その目的の理解を促した。

　①大学生のスピーチやプレゼン能力はとても重視されていること、②スピーチはトレーニングで上達すること、③目的は人前で話す体験をし、そこから何を感じるかを振り返ることで、優劣をつけることではないこと。この趣旨説明に5分。

　次に私が1分間スピーチを行い、その長さを体験してもらった。「意外と短いな」、「あれくらいならいけそうだ」という声が上がる。準備作業としてメモ用紙を配布して、各自スピーチのネタを書き（5分）、次にリハーサル。「今書き出したテーマで、心の中でスピーチをしてみてください。30、45、60秒のタイミングで声をかけます」と伝え、リハーサルをスタートした。

3. 発表の場面

　その後、3分間の最終調整の時間を取り、車座になってスピーチを開始した。発表は30秒のタイミングで私が手を挙げ発表者に合図し、終わった際にみなで拍手。そしてスピーチをした時間を伝え、次の発表者に移ることを繰り返した。ちょうど1分だと告げると「おーすごい！」と拍手と歓声が上がった。ある学生は「僕は人前で話すことは案外苦手じゃなくて、ここでしゃべるってなったとき、楽しみで仕方がなかったです」と記している。彼は普段はとてもおとなしく、自ら進んで発言をするタイプではないのだが、メモを見ずに関西弁で流れるようにスピーチをはじめ、みなを驚かせた。しかも「夏休みに実家に帰り、改めて自分が好きな女性のタイプに気付いた」という内容だったことも衝撃的だった。

　全員の発表ののち、近くの4～5人で小グループになり互いの感想をシェアし、最後にメモ用紙の裏に、感想を書かせて終了した。

4. 学生の変容

　授業冒頭では「スピーチ」に対して戸惑いを見せる学生が多くいたが、「夏休みの思い出」という身近なトピックであったためか、作業が始まればメモづくりも発表もスムーズに進んだ。友人の夏休みにみな興味があり、あたたかい雰囲気の中で発表が進んだことも、その要因の一つだと思われる。

　スピーチによって私の知らなかった学生の一面が分かり、友人の知らない一面を発見したものも少なくないだろう。また、「聞くのと話すのは大きく違った」「伝えることの難しさを感じた」という感想から、1分間という短い時間の中でも、学生にとって多くの気づきが生まれたことが感じられる。

　　　　　　　　　　　　　　　　　　　　　　　　　　　（藤井洋武）

解説
3｜即興スピーチ

▶定義
あるトピックについて、ごく短い時間準備して即興的に話すスピーチ。

▶ねらい
伝えたいことを瞬時にまとめて話す力を養う。

▶手順
(1) さまざまなトピックを書いた紙を用意し、裏返して置いておく。
(2) 話す順番を決め、話す順番がきたらトピックをクジのようにひかせる。
(3) 開いたら考える時間は30秒、その後1分間話す。

▶活用のヒント
・トピック設定に当たっては、なるべく身近で生徒たちの共通の話題となるものにする。例えば「家族」、「友人」、「好きな音楽」、「自分の趣味」、「好きな言葉」、「好きな食べ物」、「今、一番欲しいもの」などが考えられる。
・思いついたことから話す。話しながらどう展開するか考えるように言う。はじめは、まとまらなくてもいいということを強調し、安心させる。もし話し手が話に詰ったら聞き手の生徒・教員から話の糸口を引き出してあげたり、かんたんな質問を出してあげるとよい。
・即興スピーチは授業の一部に組み込んで行うこともできる。学級のクラス開きでも使え、授業にも応用することができる。

▶応用
・考える時間と話す時間を変えていく。たとえば、慣れてきたら考える時間を短くしていく、あるいは話す時間を長くしていく。「考える時間20秒」「話す時間1分半」など。
・1周ずつ回ったら終わりとしないで、2周目あるいは3周目と続けていく。あるいはトピックを少しずつ難しいものにしていくなどの工夫ができる。

（編集委員会）

実践 3｜即興スピーチ

即興自己紹介

1. 実践の条件

　高校3年生「政治経済」(女子11名)の授業。生徒は学園生活6年目となり、お互いのことはよくわかっている。そこで、「瞬時にまとめて自分を伝える」スピーチに挑戦してもらうことにした。
ちょうど教育実習生がきている時期で、彼女はこれからの教壇実習にむけて不安で一杯の様子である。彼女の緊張を少しでもほぐし、生徒理解の一助ともなればと考えて、この「即興自己紹介」をおこなった。

2. 準備作業

　「次の時間は即興自己紹介を行います」と言っておいたので、生徒は不安そうな面持ちで着席している。スピーチのテーマが書かれた紙を人数分用意しておく。同じテーマがいくつか重なっても可。授業開始。ルールを説明すると「えーっ、むりーっ」と大騒ぎ。それでも淡々と進める。4月にネームカードを作ってあるので、生徒の一人にシャッフルしてもらい、順番を発表。テンションは急上昇。タイムマネジメントは実習生にしてもらう。

3. 発表の場面

　生徒は順番が来たら自席から前に出てきて、くじに書かれたテーマを引き、その場で30秒考える。そして、教壇に立って1分間話す。
　一人目のテーマは【私の趣味】。9年間習った珠算のことを見事にまとめ、皆はその内容とまとめ方に「へーっ、すごい、知らなかったあ」と。とたんにハードルが高くなった感じ。次のテーマ【私を動物に例えると】では、戸惑っているスピーカーに「人からは何と言われているの?」と、リスナーからすかさず助け船が入り、「自分はどこでも寝られるので、そこらへんで寝ている近所の犬」で無事話し終える。

【紹介したい日本】では、日本食について "Healthy is the best." というフレーズでぴったり1分で終了。「すごーい」という歓声やら、口々に自分の好きな食べ物を言い出す生徒もあり。【私の好きな音楽】は、ちょっと恥ずかしがり屋さんに当たり、「J-POPでちょっと泣いてしまうような音楽を聴くことも好き」と話しだす。

　【私の宝物】では、「今までの思い出が宝物です」の言葉に、教育実習生もふくめ全員が「おーっ」と声を上げ、手をたたいて感激していた。

4.生徒の変容

　11名共通の感想は、「楽しい」「笑顔になれた」だった。最初は、スピーチになるかどうか不安だったが、生徒たちは予想以上にイキイキと話し、教育実習生も、生徒たちの素顔がよく分かったと喜んでいた。その後の授業では、生徒はより活発に発言をするようになっている。瞬時にまとめて自分を伝えるというねらいは達成できたようだ。

（住川明子）

解説 4 ショー&テル

▶定義
お気に入りの物を聞く人に示し、それに説明を加える形で行うスピーチ。

▶ねらい
物を見せることによって、聞く人はスピーチが理解しやすくなる。また物を見せながら語るという形なので、話者も説明しやすい。

▶手順
(1)話のテーマとなる物を選ぶ。
(2)スピーチの構成を考えて準備する。
(3)物を見せながら話す。
(4)聴衆が多いときは、実物投影機などを使うとよい。

▶活用のヒント

A. トピックの設定

見せる物は、自分が大切にしている物や思い出の品である。例えば、大切にしているおもちゃ、ぬいぐるみ、記念品、遊び道具、スポーツ用品、ペットなど。実物の代わりに、写真、イラストなどでもよい。

B. 発表の工夫

見せる物を示して、「これは○○です」とはじめると、聞く人に物を強く印象づけられる。そしてそれを説明する形でスピーチを構成できる。なぜ、それを選んだか、どこで手に入れたか、どんなものかなどを話す。

物を見せるタイミングを工夫する。ずっと出しっぱなしだと聴衆の注意が低下してしまうことがある。最初と最後だけ見せたり、話の途中から最後まで見せたり、最初は隠しておいて、話の最後に種明かしするようにパッと出すなどの工夫もできる。

はじめの一歩

C. 活用の場面

・読書の発表として、読んだ本の表紙や挿絵を見せて感想を語る。
・理科の観察で実物や写真をもってきて、説明をする。
・自分がつくった絵や工作などの作品をもってきて、制作の思い入れなどを語る。
・外国から来たゲストに日本のものなどを見せながらクイズ形式で紹介する。

(編集委員会)

[参考文献]
1. 渡部淳(1993)『討論や発表を楽しもう』ポプラ社　85頁~88頁
2. 上條晴夫(1997)『子どもの表現力がつく教室スピーチ』学事出版　114頁~120頁

実践 4 ショー&テル

「わたしの宝物」を紹介します

1.実践の条件

　小学校1年生21人。比較的落ち着きがあり、私の話を良く聞くことができる。ただ、慎重で、発言することに恥ずかしさや、ためらいを持っている。朝の会、帰りの会などで皆にお話しするなど短い発表を繰り返してきた。6月になると、「今日の楽しかったこと」というショー&テルを行った。みんなが描いたその日の出来事の絵から、日直が三つを選び、選ばれた児童はそのことを話すのだ。夏休み明けには、「夏休みの思い出」の品をもってきて話してもらった。これらは、原稿を用意せず、その場で語らせた。

2.準備作業

　11月に、「わたしの宝物」の実践を行った。まず、私が人形を見せながら、亡くなった祖母にもらったエピソードを語った。

　次に、子どもたちは宝物を選び、学校に持ってくる。実物をもってこられないものは写真を持ってくることとした。

　発表では、次の質問の答えを紙に書いてから臨むことにした。

①いつ、もらったものかな。みつけたものかな。
②だれに　もらったのかな。　どこで見つけたのかな。
③なぜ、大切にしているのかな。
④すきなところは　どんなところかな。
⑤いつも　どうしているのかな。
⑥これから　このたからものを　どうしていきたいかな。

3.発表の場面

　椅子をUの字型に配置してすわり、発表する。1回の発表は1人2分程度、10人ぐらいが行う。

今日は、ゆりな（仮名）の発表の番がまわってきた。彼女は人前で話すことができない。作文やダンスは抜群にいいし、表情も豊かな子だ。しかし、人前で話すことは極端に苦手で、1学期の頃は、日直当番がやる号令さえ一人ではかけられず、いつも泣いていた。これまでのショー＆テルでは、必ず友だちに助けられながら話をしていたのだ。

　うさぎの人形をぎゅっと握りしめている。躊躇しながら、「わたしのたからものは、うさぎのぬいぐるみです」とはじめた。じっと前を見ていられないので、みんなの方をみたり、下をみたり、人形を見たりしている。

　子どもたちは、ゆりなが話せるかどうかドキドキして見ている。「ふゆにもらいました。ママにもらいました。大せつにしているりゆうは、ママにもらったから大せつにしています。すきなところは、おようふくをきせるのがすきです。いつも、いっしょにねています。これからも、たいせつにしたいです」

　クラスみんなが拍手を送った。ゆりなは、照れくさそうに下を向きながら笑った。

4.児童の変容

　この出来事をゆりなの家に連絡帳でお知らせした。他の子どもの家でも、ゆりなが発表したと大事件になっていた。1人1人の成長を子どもたち自身が実感し、喜び合える関係が生まれてきていたのだ。その後、ゆりなは一人で発表することができるようになり、泣くことはなくなった。彼女が、発表できるようになったのは、①話すことにだんだん自信を持ってきたこと、②大好きな人形と一緒に前に立ったこと、③事前に話す内容を考えてあったこと、が考えられる。

5.ふり返りの視点

　物を持ってきてもらうときは、事前に保護者の協力を得ておく方がいいだろう。また、プログラムを効果的に進めるには、一度に全員が発表するのではなく、何回かに分けた方が、子どもたちの集中が保てるようだ。

（小菅望美）

解説 5 なりきりスピーチ

►**定義**

実在の人物や、本や映画などの創作上の人物、さらに動物や物になりきっておこなうスピーチ。

►**ねらい**

その人(物)を演じることで、対象をより深く理解することができる。話し手も聞き手も、臨場感を持ちながら活動できるスピーチである。

►**手順**

(1) 自分が何になるか決める。

(2) 人や物の特徴を調べる。何を話すか、どのように話すかを考える。このリサーチが大切である。

(3) 話すべきことを組み立て、何度か練習した上でスピーチを発表する。

►**活用のヒント**：

・上手にモノマネする必要はない。

・誰もが知っている人を選ぶと関心を引きやすい。

・全員が一人の同じ人になりきるときは、その人をいくつもの視点からとらえて、それを分担することでスピーチの内容が重ならないようによう工夫する。たとえばその人物の子ども時代、青春時代…のように人生の節目ごとに担当者を決めるなど。

・自分が誰であるかを事前に伝える場合と、伝えずにおく場合がある。たとえば誰かを言わないでスピーチをおこない、最後に「私はだれでしょう」と問いかけることもできる。

►**応用**

・授業の導入時のように、生徒が対象に馴染みがない場合は教員がなりきるのも一案。

・大規模に行う場合は、衣装や小道具などの見た目にまで凝ると気分が盛り上がる。

(編集委員会)

実践 5｜なりきりスピーチ

緒方貞子さんになって話してみよう

1.実践の条件

　高校3年生「英語リーディング」(女子13名)の授業。まとまった英文を話の展開を意識しながら読み取ることがこの科目の目的だ。

　生徒は教科書で、元国連難民高等弁務官の緒方貞子さんの半生を学んできたのだが、私は、歴史の流れを知らない生徒たちに、彼女の功績をどのように伝えるか苦慮していた。そこで、生徒が緒方さんになりきってスピーチすることで、教科書の内容を立体的に捉える機会を提供しようと考えた。1時間で完結させるため、スピーチは日本語でやることにした。

2.準備活動

　課題は、マララ・ユスフザイさんのノーベル平和賞受賞について、緒方さんが記者会見でコメントするというもの。まず、マララさん、緒方さんに関する日本語の新聞記事を読んで、各自がワークシートに記入する。

　ワークシートには、あいさつ、祝辞、マララさんの活動が素晴らしいと思う点、緒方さんの活動との比較、結びという枠が与えられている。つなげると、自動的にスピーチ原稿ができあがる仕掛けだ。

　「マララさんって17歳なの？　私たちより年下なんだって！」など、資料のどこに注目したかについて、自然に情報交換が始まった。これを聞いて、手が止まっていた生徒も少しずつ記入していった。

3.発表の場面

　3、4人のグループに分かれて、同時並行でグループ内スピーチを開始した。1人が緒方さんになって話し、次の人が司会者、残りの人たちは新聞記者という設定だ。一例を見てみよう。

司会者：「緒方さん、マララさんがノーベル平和賞を受賞されたことについて、お考えを聞かせていただけますか」

緒方さん：「元高等弁務官の緒方貞子です。それでは一言申し上げます。この度の受賞、おめでとうございます。(中略)あなたの意志の強さと行動力はすばらしいです。私は人の命を救うことに力を尽くしてきました。あなたはその先の差別をなくすことに力を尽くしている。私たちが協力すればもっと世界は豊かになるでしょう」

記者たち：うなずきながら拍手。

　全員が発表を終えたところで、みんなで感想を交流した。「こういう授業は小学校以来です」「短時間で資料を読むのが大変だった」などの声があり、高校生プレゼンフェスタ(本書「応用篇3」参照)の経験者からは「プレゼンフェスタみたいで楽しかった」という声もでた。

4.生徒の変容

　ワークシートの感想を読むと、生徒は"緒方さんになること"そのものを楽しんでいたようだ。話し方などを真似しようという意識は私には感じられなかったが、生徒は異口同音に、友人の見事ななりきりぶりを讃えている。日頃の中立的な読みと違い、一人称で資料を読むことがそうさせたのではないだろうか。

　リーディングの授業としても違いが見られた。日頃は英文をめぐり共通の理解を得るところで止まってしまっているが、今回はその先にあるものを提示できた。すなわち、各自が情報を再構築し、他者に伝える行為だ。今回は日本語でスピーチを作ったが、いつか英語でもやってみたいというコメントもあった。リーディングとは受動的な活動だと思われがちだが、アウトプットを求めることで能動的な活動に転換できると実感した授業だった。

(和田俊彦)

コラム1 教育プレゼンテーションの第一歩

　教育プレゼンテーションの各段階はおおまかに言って、①準備、②実施、③ふり返りの3つに分けられる。
　準備段階で意識することは次の5つである。それらはWhen（いつ）、Where（どこで）、Who（だれに）、What（何を）、How（どのように）にまとめられる。

いつ
　プレゼンテーションのために使える時間は限られている。その範囲内で十分にできるものを計画しよう。実施する日時はいつか、そのために準備に使える時間はどのくらいあるか、またどの授業の、どの場面でどれくらい時間をかけておこなうのか考えよう。

どこで
　プレゼンテーションをおこなう場所と、空間構成を考える。それは教室か、視聴覚室か、ホールかによって展開も変わってくる。話し手や生徒たちの座席をどう設定するか、機材は何が使えるのかもプレゼンテーションに大きく関わってくるだろう。

だれに
　プレゼンテーションに参加する生徒の学年、年齢、人数、特徴などを考慮する。聞く生徒たちの理解度を設定することは、プレゼンテーションを準備するためにとても重要なことである。

何を
　このプレゼンで伝えたいこと、体験してほしいことは何か、よく考えしぼり込んでおくことがプレゼンテーションの筋道をしっかりとしたものにしてくれるだろう。

どのように
　伝えたいことと、それをどのように伝えるかは大きく関係している。内容にマッチした伝え方を考えよう。本書では「ことばモード」「ものモード」そして「身体モード」と色合いの異なる様々なアクティビティ30種を紹介している。教育的プレゼンテーションの様々な技法をぜひ楽しんでいただきたい。

（初海 茂）

[参考文献]
ダグ・マルーフ（2003）『最高のプレゼンテーション』PHP研究所

コラム2 スピーチの身体技法のヒント

　プレゼンテーションの基本はスピーチだ。ここではスピーチにおける身体技法について、西野(2008)を参考にしつついくつかのヒントを紹介しよう。

姿勢

　リラックスした自然な姿勢がよい。腕は体側に垂らしても、体の前で軽く手と手を握るのでもよい。ジェスチャーをする、資料を繰る、レーザーポインタで画面を指示するなど発表中にすべきことは多い。そこでなるべく両手をフリーにする。できれば、マイクはピンマイクが望ましい。スピーチの間は演台の後ろだけにいないで、ステージ上をゆっくりと歩き回ってもよい。

ジェスチャー

　ジェスチャーを使うと表現力がアップする。そのジェスチャーは、話す内容とうまくマッチするとさらに効果が高まる。たとえば話の中で3つポイントがあれば、指を3本立てる。「質問のある方？」と聴衆に呼びかけるときは自分の手をあげるなど。ジェスチャーは、ややオーバーに表現すると良い。自分の得意なジェスチャーを増やすようにしよう。

表情

　話者の表情の豊かさが聴衆の印象に与える影響は大きい。4つの表情パターンを使い分けよう。①微笑は基本の表情だ。②満面の笑顔は良いこと、楽しいことを話すときに。③素の顔は真面目な場面に使う。④少し厳しい顔は難しい話、深刻な話の場面に使う。

アイ・コンタクト

　聴衆をしっかりと見て話をすることで、説得力も増す。時には資料に目をやっても良いが基本は聴衆を見る。見られる聴衆の緊張は高まり、話に引き込まれる。会場の前後左右に視線を向ける。どうしても視線は話者の前方近くにあつまりやすいので、なるべく会場の後ろや隅に向けるようにする。視線は「流す」のでなく、その周辺の数人にしっかり焦点を当てて話す。数秒したら、また別の場所の聴衆に焦点を当てるようにするとよい。

（初海 茂）

[参考文献]
西野浩輝(2008)『仕事ができる人の黄金のスピーチの技術』東洋経済新報社139頁〜156頁

解説 6 | スピーチ

「ことばモード」に重点をおいたプレゼンテーション

▶定義

スピーチとは聞く人の前で、自分の主張や感想などをのべることであり、さまざまな発表形式の基本となる技法である。スピーチには即興性の高いものもあるが、ここでは事前によく準備されたスピーチのことを指す。

▶ねらい

ねらいは3つある。まず自分の主張と、その裏付けになる論点を組み立てる力を養う(作り方)。次に、自分の主張がよく伝わり、理解されるような話し方をする力を養う(話し方)。最後に他のさまざまな主張を聞き、自分の主張をさらに豊かにする力を養う(聞き方)。

▶手順

(1) 話すべきテーマを決める。教師がテーマを与えることもある。
(2) 発表時間が設定され、それによってスピーチの長さが決まってくる。
(3) 話す内容に関してリサーチをおこなう。
(4) リサーチした事柄を編集し構成し、そして文章化する。
(5) 話す早さ、声の強弱、姿勢、ジェスチャーなど表現方法を考えながら練習する。
(6) 発表する。

▶活用のヒント

A. テーマ設定

生徒の多様な経験を生かせるようなテーマだと、スピーチが生き生きしてくる。一方、抽象的なテーマや、生徒がまだ経験していないことをテーマにすると、スピーチ自体が観念的になりやすい。

B. スピーチの構成方法(作り方)

・スピーチで何が言いたいのか、メイン・メッセージを決める。伝えたいメッセージは一つにしぼることが大切である。

・その主張を説明・補強する論点（サブ・メッセージ）をまとめる。3点程度に論点をしぼると良い。信頼できる情報に基づいて説明・補強することが大切である。
・スピーチ全体を「はじめ（導入）」、「なか（主張）」、「おわり（まとめ）」の3部で構成する。

C. スピーチは以下の3つのタイプに分けられる。自分のスピーチ内容に合ったタイプを選択するとよい。

①ストーリー展開スピーチ
　ある出来事や経験を時間の経過に沿って物語っていく。物語的要素があるので聞く人に理解されやすい。その反面、分析的な説明には不向きである。

②ポイント説明スピーチ
　事柄の背景や理由を重要なポイントにしぼって説明するやり方。背景や理由はよく説明できるが、聞く人に共感される度合いはやや弱い。

③課題解決スピーチ
　ストーリーを語るだけでなく、また理由や背景を説明するだけでもない。現状を話し、現状の改善案を提起し、聞く人に行動を呼びかけるスピーチ。

　実際のスピーチでは、必要に応じてこの3つのタイプが組み合わされて構成されている。（佐々木繁範（2012）『スピーチの教科書』参照）

D. 場面設定
　スピーチは常にクラス全体の前でおこなうとは限らない。ペアでおこなうスピーチ、少人数の中でおこなうグループ・スピーチなどもできる。

E. 活用の場面
　機会をとらえスピーチを経験するチャンスを増やしたい。学級開きの際の自己紹介や、学活でのショートスピーチ（夏休み体験報告、行事の思い出交流など）などはよくおこなわれている。しかし、ほとんどの生徒にとってスピーチが

「ことばモード」に重点をおいたプレゼンテーション

できるチャンスはそれほど多くない。年1回でも学級で、学年あるいは学校で、テーマを決めて意見発表会あるいはスピーチ大会を開くようにしてはどうだろう。

▶応用

　スピーチは基本の技法だけに、容易に他の技法と結合させて使うことができる。静止画や動画とスピーチの組み合わせ、身体表現とスピーチ、あるいは音楽とスピーチの構成などさまざまな発表形式を試したい。

（編集委員会）

[参考文献]
1. 上條晴夫（1997）『子どもの表現力がつく教室スピーチ』学事出版
2. 生越嘉治（2003）『意見発表トレーニング』あすなろ書房
2. 西野浩輝（2008）『仕事ができる人の黄金のスピーチの技術』東洋経済新報社
3. 蔭山洋介（2011）『パブリックスピーキング　人を動かすコミュニケーション術』NTT出版
4. 佐々木繁範（2012）『思いが伝わる、心がうごく　スピーチの教科書』ダイヤモンド社

> 実践　6｜スピーチ

ホームルーム担任の第一声

1.実践の条件

　この授業は大学における教職コース総仕上げの授業、「教職実践演習」において実施した。大学4年生27名のクラス（男子15名、女子12名）だ。このクラスで3回分の授業を使ってスピーチに取り組んだ。このスピーチ「担任第一声」の授業はその3回目で、スピーチ授業の最終回である。
事前にアンケートでスピーチについての経験を尋ねてみた。あいさつや自己紹介の類ででではなく、テーマがあり、それに向けて準備したスピーチを今までにやったことがあると答えたものは、当日出席者24名中10名だった。ほとんど無いと答えた学生も半分程度いた。「どのようにスピーチを組み立てたらよいかわからない」という声も多かった。準備したスピーチの経験が、まだまだ乏しいようだ。
　さらにスピーチは得意か、それとも苦手か尋ねてみた。得意と答えたものは2名、苦手が16名にのぼった。「話しの途中に、今何を話しているかわからなくなる」など苦手の理由が述べられていた。中には「今までスピーチはなるべく避けてきた」、「大の苦手で、できればやりたくない」という率直な気持ちを書くものもいた。スピーチは重要だと思いながらも、同時に相当な苦手意識をかかえている学生の実態が見えてきた。
　そこで、この授業のねらいとして、第1にスピーチの作り方の基礎を学ぶこと、第2に苦手意識を克服することを念頭に置いて授業を進めた。

2.準備活動

　以下、準備としての1、2回目の授業のあらましを説明する。
　第1回目の授業では、まず「スピーチを経験しよう」、ということでショートスピーチを作ることにした。テーマは「私の教育実習ベストメモリー」で2分スピーチとしておこなった。これは「ストーリー展開スピーチ」にあたる。

「ことばモード」に重点をおいたプレゼンテーション

この授業の後半にはグループ討議をおこない、スピーチにおける「話し方のコツ」を皆で確認した。（本書「コラム3　話し方のヒント」参照）
　第2回目の授業では、まず教師が基本的なスピーチの作り方を説明した。（解説ページの「スピーチの構成方法」を参照）その後で今回は「ポイント説明スピーチ」に取り組んでもらうこと、テーマは「私の好きな食べ物」であり、2分間スピーチをおこなうことを話した。スピーチ作成に先立って、アイデアをまとめるために有効な思考整理方法である「アイデアマップ（マインドマップ）」を紹介し、全員が自分のマップを作成してみた。
　そして今回の第3回目の授業である。
　「今日のテーマは「担任第一声」です。これは「課題解決スピーチ」です。今日皆さんは新クラスの担任です。先生は何を話すのかと、生徒たちが注目しています。スピーチは「はじめ」（導入）は自己紹介ではじめましょう。「なか」（ボディ）が呼びかけです。どんなクラスをつくろうと呼びかけますか。そして「おわり」で締めくくってください。3分間スピーチでおこないます。」
　学生たちはまず15分間の準備作業に取り組む。前回教えたアイデアマップを書き始める者、箇条書きに項目を立てる者などさまざまだ。筆記する音だけが聞こえる。「はい、やめ。ではグループになってスピーチをはじめてください。良い話し手は良い聞き手でもあります。聞く方も話しに反応してくれると、話し手もとても話しやすくなりますよ。」「では、はじめ。」
　にぎやかなグループ内発表の後で、グループ代表を決めてもらう。そして5人のメンバーが選ばれた。以下その中の2人の代表のスピーチのあらましを紹介する。

3.発表の場面

【A君のスピーチ】
　A君いつも積極的だ。ロールプレイでも、皆をまとめてくれる。発言も多い。教卓の前に出ると、黒板からはみ出すような大きな文字で自分の名前を黒板に書いた。
　「皆さん、こんにちは。このクラスの担任になったAです。どうかよろしくお願いします。私は数学を教えます。」声も大きい。「小さいときからバス

ケットボールが好きで小学校3年から始め、今でも続けています。皆さんもスポーツが好きですか？」すかさず同じグループのB君が挙手。「はい、僕はドッヂボールが好きです。」A君は「ありがとう。積極的に答えてくれたB君に拍手しよう！」。学生たちは皆で拍手。なかなか活発なインタラクションだ。「私には皆さんに3つのお願いがあります。それは第1にあいさつです。一日の最初のアクションであるあいさつはとても大切です。あいさつをして良いスタートを切ろう。2番目に笑顔です。楽しいことはみんなでとことん笑おう。3番目は拍手です。良かったことはみんなでほめよう」と大きな声で話した。

　そして「あいさつ」「拍手」「笑顔」と黒板に大きく書いたあとで、「まずは今日一日、みんなで楽しく過そうね」と言うと、笑顔でゆっくりと生徒の机の間を通り、教室を大きく1周してまた教卓まで戻ってきた。なるべく多くの生徒の顔を確認しているように見えた。力強くダイナミックなスピーチだった。

【Cさんのスピーチ】

　ゆっくりと教卓前に出てきたCさん。クールな感じの学生だが、ときどき印象的な発言をする。「皆さん、はじめまして。今日からこのクラスの担任をすることになったCです。皆さんに会えることを楽しみにしてきました。私は担任をするのが初めてで、皆さんと同じで分からないことだらけです。これから1年間皆さんと一緒に成長して行けたらいいなと思っています。」Cさんは全くメモや原稿を見ないで、生徒たちの方をしっかり見て、落ち着いた口調で話しを続ける。

　「音楽の好きな人、スポーツが好きな人、趣味を持っている人など誰にでも好きなことが一つや二つありますよね。でもただ好きというのでなくそれを追求して、自分の特技だと言えるものにしてほしいと思っています。特技は簡単には身につきません。長い努力が必要です。でも特技をもっている人はカッコイイです。一つの目標を立ててそれに向けて一生懸命がんばっている人、それを特技といえるところまで極めた人、私はそういう人を尊敬します。このクラスのみんなが特技をもって、お互いに尊敬しあえるといいなと

「ことばモード」に重点をおいたプレゼンテーション

思っています。」内容は具体的ではないが、「特技」という点に着目して呼びかけたのはユニークだった。

他の代表も引き続き個性的なスピーチをおこなった。授業はこの後、各自がスピーチに取り組んだ感想や、他のスピーチを聞いた感想を書いて終了した。

4.生徒／教師の変容

このプログラムのねらいの一つである「苦手意識を克服する」という点から見てみよう。

1回目の授業で、「スピーチが大の苦手」と書いていたD君は、3回目の授業を終えた感想をこう綴った。

「スピーチは個性が光るものだと思いました。情熱的な人、問いかけるのが上手な人など何一つとして同じものがないのが、スピーチの面白いところであり難しいところでもありました。これからは、もっとスピーチに挑戦したいと思います」

筆者が今回最も印象深かったことは、学生たちがスピーチを楽しんだことである。前にも書いたように、彼らはスピーチに対し強い「苦手感」を抱いている。しかし、順序を追って準備し、発表し、そして他のスピーチを聞く中で、彼らはスピーチの楽しさを発見していったようだ。

5.ふり返りの視点

今回のプログラムのもう一つのねらいである「スピーチの作り方の基礎を学ぶ」という視点からふり返ってみよう。

3回目の授業終了後にアンケートをおこなった。

　最初スピーチで、どのように話してよいか分からないと語っていたＥ君は、「スピーチは構成が大事だと知った。今まで伝えたいことが多すぎて整理がつきませんでしたが、3回のスピーチを通して作り方が改善できたかなと思います」と書いた。このＥ君のように、スピーチの構成についてはじめて知ったという学生がとても多かった。効果的にスピーチを構成する必要を感じた学生が多い反面、まだ言いたいことを絞れない、スピーチ構成は難しいという声も多かった。

　「話し方」については、声量、アイコンタクトなど話し方技法の多くは学生たちに知られている様子だった。多くの学生がスピーチの中でこれらの技法を使おうと努めていることが分かった。アンケートには、それでも緊張するとアイコンタクトができない、口調が速くなる、時間の制限におさめられないなどの悩みも出されていた。これらは今後経験を積むことで解決していくと思う。

　「聞き方」については、お互いのスピーチを聞き合って大いに刺激を受けた様子である。他の人のスピーチを聞いて、とても参考になった楽しかったという意見が多数書かれていた。

　学校で、会社で、現代社会ではますますスピーチの能力が必要とされる。しかしスピーチに習熟するには、何度も実際に行い、改良・工夫して慣れていく必要がある。学生たちの将来のスピーチ能力向上のために、この授業が少しでも参考になればと願っている。

（初海 茂）

解説 7 ｜半即興スピーチ

▶定義

即興スピーチのバリエーションの一つ。トピックが与えられ、簡単なリサーチや発表準備を行ってから発表するスピーチ。話しながら考える即興スピーチに対して、準備のためにワンクッション置く、あるいは場を変えて行うスピーチ。即興スピーチより話す時間は長い。

▶ねらい

与えられたトピックについて短時間でリサーチし、スピーチ構成をおこない、人に伝えていく能力を養う。同じトピックで全員が話す場合は、内容と構成の違いを楽しむことができる。内容にバリエーションがある場合は、テーマや素材の選び方、発表の仕方やアプローチの違いなどを楽しむことができる。

▶手順

(1)トピックを与えてから、一定の準備時間をとる。
(2)その間にリサーチ、編集、構成、リハーサルなどの準備をおこなう。
(3)互いに話し手、聞き手になり、発表する。

▶活用のポイント

A.テーマ設定

・あまりにかんたんなテーマでなく、多少考える必要があるテーマを選ぶとよい。たとえば「夏休みについて」ではなく、「夏休みに自分が一番○○したこと」など。
・生徒のレベルに合わせて少し難しいものを選ぶとよい。
・「わが故郷の町おこし策」「若者の晩婚化・その対策」など具体策を求めるものも面白い。
・「原子力発電所の是非」などのように二者択一のテーマの場合は、「どちらでもない」は避けて、いずれかの立場に立って話すよう指示する。

B. 活用の場面
・リサーチが困難なとき、たとえば時間が限られている場合や、場所を移動できない時は、資料をあらかじめプリントしておいて配布してもよい。
・リサーチは、図書館やインターネットを使用するとよい。その場にいる生徒同士を取材対象とする場合もある。

C. 場面設定
・その場にいる全員が話すのが原則である
・いきなり大勢の前で話すのに心理的抵抗がある場合は、ペアやグループを作り、その中で話してもよい。
・発表の時間が限られている場合は、グループを作ってグループ内発表をさせるとよい。

D. 構成上の工夫
・ひとりで話すのが基本だが、ペアやグループで取り組んでもよい。
・ペアやグループの場合は、分担決めや練習するための時間をしっかりと確保したい。
・どう話したらいいかわからない場合は、最初に結論を言い、そのあと理由や説明を付け加えるなど、簡単にスピーチの話し方を教えてもよい。

▶発展

発展的な半即興スピーチの例をいくつか紹介する。
・他己紹介:ペアを作り、互いにインタビューしたあと、相手をみんなに紹介する。クラス開きでも使えるし、よく知っている間柄でも「意外な一面を発表しよう」などと条件をつけてもよい。
・ジグソー法:別々に情報収集したあと、最初のグループに戻り、得てきた情報について1分で報告する。
・美術:作者の違ういくつかの作品を提示し、そのうちの一つについて調べ、発表する。
・国語:百人一首の中から好きな一首を選び、解説ならびに好きな理由をスピーチする。

- 「高校生プレゼンフェスタ」：半即興型のグループ・プレゼンテーション。グループで、与えられたテーマにしたがって2時間程度の限られた時間でリサーチを行い、ドラマの手法を使って発表する（「13.高校生プレゼンフェスタ」参照）。
- 「教師たちのプレゼンフェスタ」：教師研修のプログラムとして、半即興型のプレゼンテーションを活用する。（「応用篇4」参照）　　　　　　　（編集委員会）

[参考文献]
1. 別役慎司 (2013)『誰でも人前で台本なしに10分間話せるようになる本』CCCメディアハウス
2. 大前研一 (2014)『日本の論点2015〜16』プレジデント社

実践 7 | 半即興スピーチ

ビジネスマンに英語は必要か

1.実践の条件

　ここで報告するのは、埼玉県立所沢北高校の高校1年生「コミュニケーション英語Ⅰ」の授業である。履修者は41名（男子22名　女子19名）。このクラスは、入学直後の学年宿泊研修でのクラス対抗「校歌合唱大会」でみごと優勝するような、まとまりのあるホームルーム・クラスだ。

　5月末、中間考査後の最初の授業で半即興スピーチを行った。この授業に要した時間は約30分であった。「コミュニケーション英語Ⅰ」では、すでに中間考査の前に、教科書で若き福沢諭吉の英語との出会いを読み、諭吉の日記を英語で創作し、それをグループ内で発表している。これが人前で話す練習になっている。その他にも、「Q&Aシート」を埋めて物語を読み進める、あるいは定期考査の予想問題を作るなど、平素からグループワークを多用するように心がけている。

　半即興スピーチの導入には、ねらいが2つある。第1のねらいは、「自分の意見を発表することに慣れてもらいたい」ということだ。英語の授業では、どうしても教科書を使っての読解が多くなってしまうので、日頃から「書く」こと「話す」ことを意識して取り入れている。いずれは英語で話せるようになってもらうことが大きな目標だが、ここではまず声に出して話すことが大事だと考え、日本語での発表に挑戦してもらうことにした。第2のねらいは、「英語を学ぶことが自分たちの将来にも大いに関係する」ということに気づいて欲しいといういうことだ。そこで今回はスピーチのテーマとして「英語」を選んだ。

2.準備作業

　まず「ビジネスマンに英語は必要か」（『日本の論点2013』）より賛成、反対双方の意見（A4表裏）をプリントし、問題提起する。

「ことばモード」に重点をおいたプレゼンテーション

53

「これから配布する資料を読み、そのあとグループになり、ひとり1分ずつ日本語でスピーチしてもらいます。テーマは『ビジネスマンに英語は必要か』です。どちらが正解ということはありません。どちらかの立場であなたの意見を述べてください。では、読む時間を10分とります」

「必要ない」側の論旨
　英語が必要な日本人は多く見積もっても全体の1割。しかもその全員が流暢である必要はない。語学習得には学校教育以外に2000時間ほど英語に接する時間が必要だ。その時間をもっと他の有意義な事柄に当てたほうがよい。

「必要である」側の論旨
　企業のグローバル化に伴い、日本も競争力をつけなければならない。今後のビジネス環境を考えると、社員に英語を身につけさせる先行投資が必要。楽天は社内で英語を公用語とし、時間的経済的支援（業務時間を勉強に充ててよい、学校や教材費用は会社負担など）をし、成果をあげている。また、海外から優秀な人材確保もできる。

　資料を配布すると、静かになり集中して読んでいる。気になる箇所に線を引く者もいる。早くも読み終わってスピーチのメモを書き始める生徒もいる。
「では3分ほどとりますから、どんなことを話そうか、考えをまとめてください」さらに、
「1分ってどのくらいか、感覚をつかむため、これから1分計ります。頭の中でスピーチしてみてください」
　その後、いつもグループワークの際に作っている6人グループで机を寄せる。

「では、最初に話す人を決め、順番は時計回りでいきましょう。話すときは立ってください。スピーチは1分ですが、あまりに短くならないように」と告げる。1番目のスピーカーからスタート。

3.発表の場面

半即興スピーチに挑戦

「必要だと思います。たとえば外国企業の人と商談するとき、我々が母国語しか話せない……となると進まない！これからの時代、英語はツールとして必要なんです」

「私は必要ないと思います。だいたい、英語うんぬんよりもまずコミュニケーション能力がないと意味がない。もし英語が必要になった場合は、英語に接していれば使えるようになります」

スピーチの組み立てを指示したわけではないが、皆最初に結論を述べ、それから理由を付け加えている。滑り出しは上々だ。また、資料から理由を引用するだけでなく、持っている知識で話をする生徒もいる。

「英語が必要な職場はまだ少ないから、日本人全員には必要ないと思います。でも、これは言いたい！上手にしゃべれなくてもいいので、伝えようという気持ちは大切！きれいな英語で、文法も正しく、なんて思わなくてもいいから、ブロークンでもしゃべるということが大事だと思います」

「どっちかっていうと、必要だと思うけど、それは、できないとクビになるかもしれないし、英語できたほうが出世できるかもしれないし……それに、日本では英語の看板あるけど、外国では日本語表示なんかないから、やっぱ英語は必要です」

いつもの6人グループなので、比較的恥ずかしがらずにしゃべっている。意外な発言には「えー、そうかなぁ」とか、逆に「そうそう……」などの合いの手も入る。他の生徒がどんな発言をするか、楽しみつつ耳を傾けている様子だ。途中で言うことが尽きてしまい、言いよどんでしまう生徒に対して、「ガンバレ！」と小さく声援も聞こえる。中には極端に短く終わってしまう生徒もいるので、「まだ30秒あるよ」などと声をかけながら、教室内を巡回する。

ビジネスマンの話から逸脱し、どうやって英語をものにするか、熱弁をふ

るう者も現れる。英語ができない生徒へのアドバイスのつもりだろうか。
「……こういうふうに普段からちゃんとやっていれば、○○くんのように29点なんてことはなくなると思います」(笑い)

　全員が話し終えたところで、必要か必要でないかどちらの意見だったか、挙手してもらう。結果はほぼ半々で、「必要ない」の方がやや多かった。
さらに、「もう一度話してもらいたいなぁ、と思った意見はありましたか?」と投げかけ、数人にアンコールスピーチをしてもらう。
　「僕は必要だと思います。世界の一体化が進み、しかも日本は資源が少ない国なので、他国とのつながりを深めていく必要があるからです。……グローバル化していく日本においては、英語は必要です。日本の技術力を世界に向けて発信していく必要があるからです。日本の技術で世界も良くなる、そのためには英語が絶対必要なんです」(全員拍手)
　これに対しては、「政治家みたい…」とのつぶやきも聞こえた。

ふり返り用紙配布
1) 自分の意見を簡単に書く
2) 他の人の意見で出たものをいくつか書く
3) この活動全体の感想
　1と2はメモ程度でよい。どんな意見が出たか全体の傾向を知ることができる。

4.生徒／教師の変容

この活動のポイントは
①話し手にとって
　　与えられた短い時間で考えをまとめ、伝わるように話さなければならないので、よい訓練になる。時間内に収める、強調したいことをどう伝えるか、などが留意点である。「うまく話せなかった」、「細かいところまで話せなかった」、「1分は長いと感じた」、などの反省はその後に生かそう。

②**聞き手にとって**

「いろいろな意見が聞けて楽しかった」、「普段こういったテーマで話すことがないので、なるほどと納得した」、などの感想にもあるように、交流の楽しさが一つ目のポイントである。

もう一つは、「話を聞いていて自分の意見が変わったりした、もっと調べてみたくなった」、など、自分の考えを深めることができることである。「今回だけでは物足りない、このトピックで討論会をやりたい」という意見も出て、盛り上がりを感じた。

5.ふり返りの視点

当初のねらいである「自分の意見を発表することに慣れる」、「英語を学ぶことが自分たちの将来にも大いに関係することに気づく」という目的はある程度果たせたと考えている。

「準備時間が短すぎてまとまったことが言えなかった」、と書く生徒もいたが、時間が制限されているところがポイントであり、たっぷりあればいいというものではない。また、「短すぎて1分間しゃべれなかった」と言う生徒には、「1分でどのくらいしゃべることができるかの感覚をつかむことが大事だ」とアドバイスした。

この活動の良さは、「難しいけれど楽しい」という感想に端的に現れている。普段、人の意見を聞く機会があまりないような教室でも、このようにテーマを与えることで意見の交流ができる。「人によって物事の感じ方の違いがうかがえ、よかった」との感想もあった。

一方、「もっとゆっくり資料を読みたかった」、「しゃべることがまとまらず、うまく話せなかった」などの振り返りもあり、全ての生徒に合った資料（量や難易度など）を用意する難しさを感じた。

（両角桂子）

解説 8 暗唱

▶**定義**

テキストを暗記して聴衆に向かい、内容に応じた表現をつけながら語る。

▶**ねらい**

詩や名文のリズムを楽しむことは、その人の一生の財産になる。上手に暗記―発表できると、賞賛されることで、発表者に自信をもたらしてくれる。さらに琵琶法師の語りや歌舞伎の口上といった口承文芸の伝統に触れるきっかけとなることも期待される。

▶**手順**

(1)短いテキストを渡し、覚えることを求める。
(2)そのテキストの意味や解釈を考え、話し合って深める。
(3)テキストの内容に応じた表現を付けて発表する。

▶**活用のポイント**

A. テーマ設定

・生徒の年齢に応じた暗唱に適した詩や名文を選ぶこと。はじめはリズムのあるテキストがよい。

B. 活用の場面

・テキスト内容を確認し、どのように表現すると良いのかを考えながら覚えることによって、かえって暗唱がしやすい。
・身体をともなう表現技法であることもあり、発表の際には立ち上がり聴衆の前に出て全身で演じさせたい。

C. 場面設定

・言葉は使ってこそであり、今後の日常生活の中で暗唱した文句が口をつくようになって欲しい。暗唱する際に、そのような日常のシーンを想定するよう仕掛けたい。実際に使ってみせることも効果的だろう。

D. 構成上の工夫

・皆が同じ箇所を暗唱するのではなく、やや長いテキストをいくつか区切って担当箇所を決めて読むことで、チームプレーとしての責任感も生まれることが期待される。古文や漢文、または早口言葉のような難しいテキストを暗唱することで、達成感も得られる。

（中野貴文＋編集委員会）

［**参考文献**］
1.『言語技術教育第19号「伝統的な言語文化」を深める授業力とは　あなたの言語力で子どもが育つ』(2010) 明治図書
2. 近江誠 (1988)『頭と心と体を使う英語の学び方』研究社
3. 斉藤孝 (2001)『声に出して読みたい日本語』草思社
4. 近江誠 (2003)『感動する英語』文藝春秋社
5. 金井景子編著 (2007)『声の力と国語教育』学文社
6. 山名美和子 (2010)『ういろう物語』新人物往来社

実践 8 | 暗唱

「外郎売」を体験しよう

1.実践の条件

　ここで報告するのは、熊本大学の『国文学概説』での暗唱の取り組みである。この授業は古典文学の概説科目であり、歌舞伎をはじめとした身体芸能の文化伝統に触れることをねらいとしている。

　受講者は、教育学部の2年生20名。9月に4日間の集中講義形式で行い、その最終日1時間目の授業で暗唱に取り組んだ。時間は90分である。

　講義も終盤にさしかかり、報告者の授業スタイルやアクティビティにだいぶ慣れてきた時期である。また、学生全員が同じ学科で既に顔見知りということもあり、授業で表現を行うことへの抵抗感は比較的少ないといえる。5名ずつ4つのグループに分かれ、グループ毎に「外郎売」の暗唱・朗読に挑戦する。暗唱を通じて、近世文芸の表現の特徴を理解するとともに、暗唱自体の面白さを体験してもらうことを目指した。

　小中学校の教員志望の学生たちにとっては、人前で舌滑良く話す訓練にもなり、グループで暗唱させるという授業スタイルを経験する場ともなり得る。

2.準備作業

　「外郎売」の辞書的な解説、及び模範演技(15分)⇒グループ分け、及び担当箇所決め(10分)⇒各自練習(40分)⇒本番(15分)⇒振り返りと発展学習(10分)

　「今日は外郎売の暗唱に挑戦してもらいます。外郎売は歌舞伎十八番の一つで、二代目市川団十郎によって初演されました。現在では、劇中の長台詞が中高の演劇部や放送部の練習、アナウンサーや声優の研修等に用いられることが多いです。今回使うのは中学2年生の国語教科書(教育出版)に載っているバージョンで、実際の半分くらいの長さになっています。この方が授業では使いやすいでしょう」

「ことばモード」に重点をおいたプレゼンテーション

このあとAからEまで5つのパートに分けた「外郎売」のテキストを配布した。
　「まず大切なのは、『外郎売』の内容をきちんと伝えることです。これはいわゆる『口上』の話芸に基づくもので、商品の説明をしているのです。パートCの中で言及されている通り、『外郎』という薬は飲むとどんどん舌が滑らかになる効果があり、結果的にD、Eという早口言葉の連続披露につながります。逆にA、Bの箇所は、商人の出自や外郎の起源を語って聞かせているところだから、むしろ丁寧にわかりやすく朗読しましょう。その方がD、Eになって外郎の『効果』が効いてきたことが際立つのです」
　「じゃあ、僕がちょっとやってみましょう」
　わぁっという声が上がり学生たちの拍手に乗せられ、はじまりはじまり……。

　「（A）拙者親方と申すは、お立ち会いの中に、御存知のお方も御座りましょうが、江戸を発って二十里上方、相州小田原一色町をお過ぎなされて、青物町を登りへおいでなされば、欄干橋虎屋藤衛門、只今は剃髪致して、円斎となのりまする。」
　模範演技は市販のものを視聴させる方法もあるが、なるべく教員が実際に目の前で行いたい。
　「……（C）先ずこの薬をかように一粒舌の上にのせまして、腹内へ納めますると、イヤどうも云えぬは、胃、心、肺、肝がすこやかになりて、……」
だんだんテンポも速くなり、一番難しい箇所、そして一番の見せ場でもある。
（E）来るは来るは何が来る、高野の山のおこけら小僧。……武具、馬具、ぶぐ、ばぐ、三ぶぐばぐ、合わせて武具、馬具、六ぶぐばぐ。菊、栗、きく、くり、三菊栗、合わせて菊栗六菊栗、麦、ごみ、むぎ、ごみ、三むぎごみ、合わせてむぎ、ごみ、六むぎごみ。あの長押の長薙刀は、誰が長薙刀ぞぉ！」
　やんやの拍手に大歓声、これで学生たちのやる気に火がついた。分担は学生たちに任せたが、箇所によって暗唱の難易度にかなりの差がある。暗唱あるいは舌滑に自信のある者とそうでない者が、互いに協力し合って担当箇所を決めるよう促した。練習の際には各グループを周回し、難しい言葉の意味

「ことばモード」に重点をおいたプレゼンテーション

や発声の指導に当たった。特にこの手の発表を不得手と認識している学生には、いっそう丁寧に言葉をかけるよう心がけた。

3.発表の場面

40分の暗記・練習の後、1グループずつ前に出て演じてもらった。

「(C)先ずこの薬をかように一粒舌の上にのせまして、腹内へ納めますると、イヤどうも云えぬは、胃、心、肺、肝がすこやかになりて、薫風喉より来たり、口中微涼を生ずるが如し、……そりゃそら、そらそりゃ、まわってきたわ、まわってくるわ。アワヤ咽、さたらな舌にカ牙サ歯音、ハマの二つは唇の軽重、開合さわやかに、あかさたなはまやらわ、おこそとのほもよろを」

中盤から後半の暗唱は特に難しいが、それだけにやりがいもあり、言葉遊びの面白さも加わっていきいきと演じている。中にはつまってしまう学生もいたが、学生同士仲が良いこともあり、暖かい声援に支えられて終始和やかに進んだ。

「(D)一つへぎへぎに、へぎほしはじかみ、盆まめ、盆米、盆ごぼう、摘立、摘豆、つみ山椒、書写山の社僧正、粉米のなまがみ、粉米のなまがみ、こん粉米の小生がみ(中略)のら如来、のら如来、三のら如来に六のら如来」
ラップのスタイルを模してリズムをとり、身振り手振りも加え、見るからに楽しそうだ。今ふうのアレンジだが、口上文化の面白さを体得するという意味でも、理想的と言えよう。

4.学生・教師の変容

 実践の後には、「本当に面白かった」、「全文を一人で挑戦したい」、等々の声が相ついだ。「外郎売」ひいては暗唱自体の楽しさは、十分に伝わったと思われる。伝統を知るには、まずやってみることが重要である。これを契機に、「口上」という音声文化自体に関心をもってもらえればと思う。

 例えば映画『男はつらいよ』の主人公寅さんが度々披露する、得意の啖呵売なども、現在では失われつつある貴重な話芸の伝統である。実際に商品を売る際、いちいち文書を読みながら説明していては、客の足を留めることはできない。今回の取り組みを通して学生たちに、暗唱する必然性がそこにはあるのだと理解させることができたと思う。

 履修生のなかに、たまたま元放送部の学生、あるいはアナウンサーを目指している学生もおり、彼女らの技術の高さ・確かさが、聴いていた他の学生の賛嘆の的となっていた。ただしこの実践のねらいは、暗唱することによって伝統文芸に親しむことであり、暗唱・朗読それ自体に対する評価は加えていない(そのことは、最初に学生たちに明言してある)。

5.ふり返りの視点

 暗唱を通じて「近世文芸の表現の特徴を理解するとともに、暗唱自体の面白さを体験してもらう」というねらいはある程度果たせたと考えている。

 発表では、実際の「口上」と同じように、この商品の魅力を説明し、売るためにやるのだという意識をもって暗唱することを強調した。なお、40分という時間は、古典原文の暗唱としては、非常に厳しいものであったことを付記しておく。したがって今回は手元に原稿を持ち、暗記が抜け落ちつまってしまった場合はちらりと見ても良いとした。実際には、例えば授業外に暗記時間を設ける等、工夫が必要となるだろう。

 また、時間的に余裕がある場合は、「武具、馬具」の鼻濁音や、「菊、栗」の無声化等の説明を加えても良いだろう。

(中野貴文)

解説 9｜朗読

▶定義

絵本や本の物語、あるいは自分たちで作成したテキストを、聞く人に向かって声に出して読むことである。

▶ねらい

テキストを解釈し表現を工夫して生の声で聞き手に表現することで、そのテキスト解釈をより深めることができる。また読み手と聞き手のコミュニケーションが図られる。例えば、おもしろい場面で笑ったり、悲しい場面で静かになったりといったことで、双方のライブ感が増していく。話し手も聞き手も声の表現を楽しむことができる。読むという発表形態は、話すことに比べ発表者にとっては心理的負担が軽くてすむという面もある。

▶手順

(1) 読むテキスト、絵本を選ぶ。聴衆の年齢、性別、興味関心などを考える。
(2) 内容を読み取り、理解する。絵本の場合は、文だけではなく、絵をよく見る。
(3) 解釈を加え、読みの方法を考える。教師はからだ全体の感覚を活かすように助言する。

「声にだして読む」
「所要時間を計る」
「読みを修正する」

▶活用のポイント

A. 場面設定

できるかぎり、生の声で、観客のリアクションができるような距離で行いたい。「読み聞かせ」の場合は、車座などになり、距離をより近くし、絵本の絵が見えるよう工夫する。大人数の聴衆を前に、マイクなどを通すときも、聞く人を見渡すなどの視線を考え、双方のコミュニケーションを意識する。絵本などをスライドにして、見せることもできる。

B.構成のしかた

・物語の世界のイメージを思い描いて読み聞かせる。そのためには以下の6つの点に留意する。

①読む速さ、②声の大きさ・高さ・強弱、③声色、④リズム、⑤間、⑥目線

・テキスト解釈と表現

　読み手は、作品の文字や記号を目で追いながら、解釈、理解をしたりして作者の世界に入ってイメージを持つ。そのイメージにふさわしい音を自分のからだの感覚を働かせて選び、声を出す。その出された自分の声を、聴き、イメージどおりかどうかを感じ、考えて、さらにイメージにふさわしい音を探し、声に出す。声に出すことを、体全体のはたらきととらえることが大切である。

・話者の姿勢を工夫する。

　立ち位置、歩きながら話すのか、止まっているのか。すわるのか、立つのか等。また、テキストに目を落としてしまうと、コミュニケーションが切れてしまう。聞き手の全体を見渡す等の視線に注意する。

・原文は大切にしなくてはならないが、表現を豊かにするために、繰り返す、省略する等の方法をとることもある。

C.活用の場面

・説明的文章をニュースキャスターのように読む。

・耳から聞いただけで理解できるようにするため、読むスピード、間を考えることが重要である。聞き手に伝えたい重要な情報は、強調する、間をとる、繰り返すなどの方法を使う。フリップを使うなどをし、視覚的な補助を使うのも有効である。

・社会科の歴史で、関連する文学作品（例えば、『平家物語』『レイテ島戦記』）の一節などを読む。

・家庭で親や祖父母が子どもに絵本を読み聞かせる。

・大勢の子どもたちを集めての読み聞かせ会（おはなし会）を行う。

「ことばモード」に重点をおいたプレゼンテーション

▶発展

・ストーリーテリング、語り聞かせ、素話：物語を、本を見ずに生の声で語り聞かせる。
・マイム、静止画などのドラマ技法を組み合わせ、立体的に表現することもできる。
・複数で行うと群読となり、劇的に構成していくことができる。
・台本をもったままで、劇のように行う「リーダーズシアター」も広く行われている。

(吉田真理子＋編集委員会)

[参考文献]
1. 家本芳郎(1994)『群読をつくる　脚本作りから発声・表現・演出まで』高文研
2. 日本演劇教育連盟編(1998)『授業の中の朗読』晩成書房
3. 代田知子(2001)『読み聞かせわくわくハンドブック　家庭から学校まで』一声社
4. マーガレット・リード・マクドナルド(2006)『ストーリーテリング入門　お話を学ぶ・語る・伝える』一声社
5. 立石美津子(2013)『心と頭がすくすく育つ読み聞かせ』あさ出版

実践 9｜朗読

「はらぺこあおむし」の
ストーリーテリング

1.実践の条件

　津田塾大学英語教育4年ゼミ所属の学生11名は、2学期末から3学期にかけて、地域の公立小学校の6年生のクラスに入り、子どもたちの英語の発表を指導する。この発表は、6年生の外国語活動の集大成であり、それを5年生に見せるのだ。

　発表の題材の候補に6年生が5年生のときに学んだ"The Very Hungry Caterpillar（はらぺこあおむし）"を考えた。これはエリック・カール作のカラフルな絵本で、卵からかえった食いしん坊のあおむしが毎日リンゴやナシなどをもりもり食べ、やがてサナギから立派なチョウへと変身する話だ。

　子どもたちへの指導に先駆けて、学生自身がストーリーテリングについて学び、お互いに見せ合った。実際にストーリーテリングをすることによって、聞き手に伝わる工夫、読み方の練習の方法、本の内容理解を深めるといった指導プロセスを学生が体験するためである。今回はその大学の授業での発表を中心に報告したい。

2.リサーチなどの準備作業

(1) 学生たちは2つのグループに分かれ（Aグループ6名、Bグループ5名）、グループのなかで、ひとり一人が役割の分担をする。筆者もAグループの一員として参加した。（5分）
(2) 作家（エリック・カール）自身による語りのビデオを視聴する。（15分〜20分）
(3) 各自暗唱。（20分）
(4) グループ内でのリハーサル数回。（50分）

　最後にABそれぞれのグループが10分弱英語でのストーリーテリングを行い、互いに観客の子どもになったつもりで見合うことにした。

「ことばモード」に重点をおいたプレゼンテーション

3.発表の場面

　Aグループは6人の語り手が順番に並んで立った。このグループは、絵本を使いたいと考え、語り手が語っている間は、他の人が絵本をもって隣に立つ。語り手が語りに集中できるようにするためだ。語る人と絵をみせる人は一人ずつ移っていく。1番目の語り手が語っているときは2番目が絵本を見せ、2番目が語るときは、3番目に絵本が手渡されるといった具合にリレーをしていくのだ。

　絵本は1ページごとに「一日の話」がすすんでいく。卵から生まれた小さなあおむしは月曜日にりんごを一つ食べるものの、まだはらぺこで火曜日になしを二つ食べ、土曜日まで毎日違うものを前日より多く食べ続ける。語り手も絵本を持つ人もどんどん交代していく。

　最後の場面は、あおむしがさなぎからチョウに変わる場面だ。そこでは、絵本を手渡すのではなく、語り手がチョウのように舞いながら舞台中央にでてくるという演出であった。5番目の人がチョウの絵を見せるのと同時に、6番目はチョウのように舞いながら舞台中央に登場し"he was a beautiful butterfly!"と言ってストーリーを終えた。

　Bグループは座り方にも工夫をした。語り手5人は半円形になって座る。観客役の学生も一緒に車座になる。このグループは絵を見せず、語りだけを行うというスタイルに挑戦した。5人で分担して一日ずつ語っていく。しかし、土曜日だけは違うスタイルだ。月曜日から金曜日までは、はらぺこあおむしは果物を食べている。ところが、土曜日には、まだお腹が空いているからと、人間たちが好んで食べるチョコレートケーキ、アイスクリーム、ピク

ルス、チーズ、サラミ、棒つきキャンディ、チェリーパイ、ソーセージ、カップケーキ、すいか一切れを食べたという場面である。そこでは、その一つひとつの食べ物を5人が交代で言うことにした。観客役の学生からは、この場面はたたみかけるようなスピード感があり、あおむしがどれだけ多くのものを食べたかが分かるという感想があった。

4.生徒／教師の変容

　練習の過程において、想像力を働かせてイメージしないと的確に表現できないため、学生たちは練習を重ねながら、ひとつひとつの英語のことばをかみしめ、大切にするようになっていった。子どもたちに伝えるという動機があることで、正確に伝えなければならないという責任感のようなものも芽生え、発音や区切る場所、間のとり方などにも注意を向けるようになり、結果として英語で発話するスキルも自然と上達した。たとえば、"still"のように繰り返し出てくる単語をどう変化をつけて語るのかなど、エリック・カール自身の語りをお手本として何度も聞いて真似て、自分らしい英語の語りを模索した。

　また、ジェスチャーの重要性への気づきもみられた。ストーリーに出てくる英語の単語や表現を知らなくても、聞き手が想像したり推測したりする手がかりになるのがジェスチャーであり、聞き手の理解を助けるためにジェスチャーは大切である一方、語り手自身がストーリーを覚えるためにもジェスチャーは大事だというのだ。

　グループの中で、発音や間のとり方、ジェスチャーを教え合って練習することで、グループ内でのコミュニケーションも盛んに行っていた。

　幾度も語りの練習をおこなうことで、この本がもっと好きになったというコメントもあり、読み聞かせが、語り手にとっても物語にさらに親しむ機会となったようだ。

　教師である筆者もＡグループの語り手として参加した。自分が絵本を開き、語るスタイルであれば、絵をみながら語りを思い出すことができるのであるが、今回は絵を見せる人と語る人を分けたため、語り手が物語を咀嚼していなければ語ることができないことにあらためて気づかされた。また、書

き手の視点を考えることもできた。毎日果物を食べていたあおむしが、土曜になり、人間の食べる加工食品を次々とやみくもに食べて腹痛をおこす。そこには作家自身の人工物への静かな批判があるのではないかと考えたのだ。これは「読む」行為だけではできなかったことである。

　また、あおむしがアイスクリームを食べる場面で、語り手役の筆者がぺろぺろなめるジェスチャーを即興で思わず入れてしまったが、学生からの指摘で、その場面の "eat through（食べ物を食べて穴をあけ、向こう側まで食べ進む様子）" という英語の表現にあらためて向き合うこととなった。ぺろぺろなめるのは人間の食べ方であって、あおむしの "through" 感は出ていない。"through" に当たるジェスチャーを工夫しないと英語の語りに忠実とはいえないし、あおむしの食べ方は聞き手には伝わらないのだ。絵本ではあおむしが食べた部分に穴があいていて、絵を見ればあおむしの食べ方はわかるしかけになっているが、日本語訳も「たべました」とあり、"through" は訳出されていない。そこで、身体をつかって "through" をどのように表現できるかが、学生にとっても教師にとってもひとつのチャレンジとなった。

5.ふり返りの視点

　今回の発表は、小学生に見せる前のいわば練習のプロセスでのプレゼンテーションである。その途中の2つのプレゼンテーションをもとに、学生たちは空き時間を使い練習をし、ゼミでも最後のリハーサルをおこなった。絵本を使用しないと曜日の変わり目やあおむしの成長過程が分かりにくいとの反省から、絵本を用いることとし、あおむしが食べるときの "eat through" も二人の学生が手をつないだ下を、あおむし役の学生が通り抜けるという身体表現を工夫した。

　6年生へのストーリーテリングは、「お話がわかりやすかった」「楽しかった」と子どもたちに非常に好評であった。最後のチョウが羽ばたく場面では、多くの子どもたちが声をあげ笑顔を見せていた。感想には「このストーリーは知っていたけど本で読むより楽しめた」「ジェスチャーが大きくて、細かくて、英語がわからなくても、よくわかった」「ことばだけでなく動きなどでも表していたので、自分もこんな感じでできるように努力したいなと思っ

た」などと記されており、ストーリーテリングによって子どもたちが絵本の楽しさや魅力をさらに味わい、自分たちが発表する際のヒントを得ている様子がうかがえた。

　こうした学生の学びの気づきが、また、6年生への指導の深化を生み、6年生の発表をブラッシュアップしていったのである。

（吉田真理子）

解説 10 群読・コール

▶定義

あるテキストを複数の人で朗読する。全員が一斉に声を出すとは限らない。あるところは個人で、あるところは数人で、またあるところは全員で、効果を考えながら表現する。

▶ねらい

テキストを音声化して表現し、聞き手に伝えることを楽しむことができる。特に複数で声をそろえて読むことで、一人で読む場合とは違った迫力と感動を生み出すことができる。話し手は練習、発表というプロセスのなかで、協力して作品を作り上げていくことで達成感が得られる。クラスの人間関係作りにも効果的である。卒業式の呼びかけ（コール）など、大きな儀式の場面では、学年や学校全体を巻き込んでダイナミックな構成で行うことができ、感動的である。

▶手順

(1)テキストを選ぶ、あるいは作成する。

(2)テキストをよく読み、理解する。

(3)個人で読む、複数で読む、男性が読む、女性が読む、全体で読むなど、効果を考えて分担を決める。さらに、各フレーズをどう表現するかを工夫する。（強弱、速度、リズムなど）

(4)練習をした後、発表する。

▶活用のポイント

A.テーマ設定

・文学作品でもよいし、創作したものでもよい。

・音やリズムを楽しめるような作品だと取り組みやすい。

たとえば落語「寿限無」は楽しく覚えられ、繰り返しが多いので、小学校1年生でもできる。また、「平家物語　那須与一」教科書にも載っている定番で、中学生から取り組める。

B. 活用の場面

- 群読も朗読同様、テキストの解釈と、その内容を表現する表現力がポイントである。
- コール（呼びかけ）は卒業式（卒業生と下級生）、お別れ会（送る側と送られる側）などで活用する。固い表現でなく、相手への思いや真情が表れる言葉を用意しよう。

C. 場面設定

- 群読には、協同的な学びとしての作用があり、学級作りなどにも活用できる。人間関係が作れないでいる生徒なども、共に練習・発表する機会を作ることで関係が改善していく例もある。
- 自分の周囲とリズムや速さ、声量などをそろえる、いわゆる「息を合わせる」ことが重要である。
- 古典などなじみがなくすらすら読みにくい文章も、増殖読み（個人練習⇒ペア読み⇒ほかのペアと合体読み⇒……⇒最後は全員で）と人数を増やしつつ繰り返すことで、全員で上手に読めるようになる。

D. 構成上の工夫

- 読み方の工夫例：「漸増」最初はひとり、次は二人、と声を増やしていく。この反対は「漸減」、「追いかけ」同じ言葉を、タイミングをずらして重ねていく、「乱れ読み」声を合わせずにわざとバラバラに読むなど。

▶発展

- 群読する人数を増やし、学年全体、学校全体で取り組むと、さらにダイナミックな発表となる。
- 日本語に英語訳を組み込み、二言語で見せることもできる。

（編集委員会）

[参考文献]
1. 家本芳郎編集 (2003)『いつでもどこでも群読　群読実践記録集』高文研
2. 工藤直子　高木まさき (2006)『読んで、演じて、みんなが主役！　光村の国語1』光村教育図書
3. 毛利豊 (2008)『古典を楽しむ　俳句から平家物語まで』高文研
4. 重水健介 (2010)『楽しい群読入門』高文研
5. 水城雄 (2011)『音読・群読エチュード』ラピュータ

実践 10｜群読

留学生たちが谷川俊太郎の詩「生きる」に挑戦

1.実践の条件

　ここで報告するのは、早稲田大学日本語教育研究センターのテーマ科目「声に出して学ぶ日本語」の実践である。留学生39名。中国、韓国、台湾、タイ、フィリピン、アメリカ、イギリス、スペイン、ドイツと多様な国の学生たちである。

　日本語のレベルは中級（日常会話ができる）から上級（ほぼ日本人と議論できる程度）とこれもまた多様で、レベルの高い学習者が低い学習者をサポートしながら、日本語で話し合いを進めた。スタッフとして、日本人学生ボランティアが2人参加している。1回の授業は90分。本報告は、この3回目の授業の様子である。

授業のねらい
(1) 日本の文学作品、お笑いなどを分析し、声に出して読んだり、演じたりすることでより深く日本文化、日本語を知る。
(2) 創造力を高め、自分の枠を超えた発想、発見ができるようになる。
(3) 仲間と一緒に学ぶことにより、人との社会的な関係を築くことを学ぶ。
(4) 多様性に気づく。

2.準備作業

1回目：様々な群読の技法の紹介。過去の学生の発表のDVDを視聴。身体表現も取り入れてもよいことを示す。
2回目：内容、表現が平易な短めの詩を取り上げ、群読の技法に慣れる。学生は7人から10人ぐらいのグループに分かれ、群読の理解、身体表現の多様性、話し合って合意形成する過程を経験した。また発表をお互いに見

「ことばモード」に重点をおいたプレゼンテーション

合う中で、同じ作品でも全く異なる表現方法があることに気づいた。

3回目：テキストとして谷川俊太郎の「生きる」を取り上げた。2回目で行ったことを、少し難易度を上げて再体験するためである。この詩は長く、難解な語彙も含まれている。しかし、くり返しが多く日常で使う単語や表現が使われていて理解しやすい。また、内容もグローバルである。予習として、この詩を読み、意味、表現などを調べること、また読みのアイディアも考えることを課した。また気に入った表現があれば取り上げ、理由も書くこととした。

はじめに、まず15分くらいウォーミングアップを行う。次に、予習シートに基づき、分からない言葉や表現を5分ほど話し合い、その後、それを共有する。グループには教師やボランティアが入り、援助した。

いよいよ、グループで群読をつくる。
(1)詩は省略しても、言葉や表現を繰り返しても、何か言葉を付け加えても構わない。
(2)内容に合わせて、技法、動き、音調などを考えて工夫すること。
(3)時間は35分で、構成を考えて話し合ってまとめる。
といった指示をし、話し合い、練習を行わせる。

各グループは話し合いを始めた。活発に話し合いが進んでいるグループと静かなグループがある。教師は行き来しながら、進行状況をチェックし、質問に答え、アドバイスをする。まだ群読のイメージが掴めない学生たちもいて、「この言葉を入れてもいいか」とか、「長いのでこの部分はカットしてい

いか」といった質問が出る。

　アイディア豊かにどんどん提案する学生、上手にアイディアをまとめる学生がいる。分かりにくい言葉がでてくると、例を挙げて説明してあげたり、言い換えたりして仲間をサポートする学生もいる。そうこうしているうちに、空き教室や廊下で練習を始めるグループが現れた。発表の前にほかの皆に見られたくないのだという。一方、話し合いにえんえん時間をかけるグループもある。「声を出してアイディアを試してみるとイメージが掴めるよ。試しながらやったら」とアドバイスした。気がつけば、最初は静かだったグループも活発に意見を出し合うようになっていた。

3.発表の場面

　いよいよ、発表の場面になった。教室前方を舞台にし、それをみんなで見合う。
　エドくんをリーダーとするグループの発表を紹介してみよう。エドくんは、フィリピンからの留学生、陽気な学生だ。メンバーはイギリス、中国などの7名だ。重なるように縦一列に並ぶ。正面からだとまるで一人に見える。
エドくんがポーズをとりながら、ソロで語る。「生きているということ　いま　生きているということ」
　「それは」の後にやや短い間。「それはミニスカート」というと、エドくんはスカートをおさえたポーズをとり、「キャー」とさけぶ。みんなは横に出て、それを指さす。そして、すぐにもどる。
2番目の学生、紙を丸めて筒状にして望遠鏡のように上を見上げ、列から外側へ飛び出て、「それは、プラネタリウム」という。メンバー全員が「キラキラキラ」と手を上に上げながら星が光る様子を表している。
次々に横に跳び出て、言葉を言っていく。言葉も入れ替え、原文とはちがっている。
　「それは、寿司！」と叫ぶと、みんなは「握り」のポーズをし、「らっしゃい」と声を合わせる。
このようなパターンが次々に繰り返される。まるでダンスのパフォーマンスのような情景だ。長さも原文の3分1で、言い方や振りも工夫がある。いつ

の間にか列は、Vの字に変わっている。

　見ている学生からは、時折、笑いがこぼれる。

　最後に「すべての美しいものに出会うということ。そして隠された悪を注意深くこばむということ」を一番前のリーダーがまるで歌舞伎の振りのようなオーバーな動きで言い、全員が大きな声で「生きる」を唱和し、テレビの戦隊もののヒーローさながら、ポーズを決めて終わった。

　見ていた学生から一斉にどよめきと拍手、笑いが起こる。「皆が一列に縦に並んで、強くさけぶのがすごいインパクトでした」、「セリフをかえたのも面白くて、みんなの呼吸がぴったりでかっこよかった」、「創造的な発表でした」というコメントがだされた。

4.学生／教師の変容

　この授業の時点では、まだ、3回目なので恥ずかしさがあり声が小さかったり、体を動かせなかったりした。また信頼関係もまだ十分に構築されていないので、意見が出にくかったりしていたこともあった。しかし、「ひとつの作品でいろいろなちがう言い方があったから、とてもおもしろかったです」(タイ・女性)と、他のグループを見ることを楽しみ、「前より今回のみなのきょうりょくが、良くなってきました」(イタリア・男性)とグループの関係性が変わってきた様子がわかる。また自分について振り返ることもでき、どのくらい声を出せば聞こえるかに気づく学生もいた。動きかたや位置などについても学んでいた。

　この後も、群読を繰り返していったが、授業後の「振り返りシート」には、「グループ活動から始めて、段々と慣れてきた」、「グループ内での相互学習

ができて良かった」などの声が寄せられた。また、「ひとりで読むのとは違って、群読は迫力が出る。一人一人の声が違って、それがハーモニーとなり、違う雰囲気が出るような気がします」(中国・女性)と群読の魅力を指摘する声があった。

　私自身も表現は多様であることを実感し、次のような実践上の気づきを得た。

(1) 学生は多くの発表を見ること、他者の考えを聞くことで様々な表現があることに気づき、発表から多くを学ぶ。教師が初めに適切な例を見せるだけでよい。多くを見せるとそれに影響を受けすぎてしまうので、例を見せすぎないことである。
(2) 自由に考えたことを言ったり、表現したりすることが恥ずかしくないようにウォーミングアップを取り入れることが重要である。
(3) 学生の助けになるように予習シートを作成すること。
(4) 教材の選択はバリエーションを豊富にし、その日の目的に応じた教材を選択すること

5.ふり返りの視点

　一つの作品を作るため合意形成が行われるプロセスを日本語で体験することは自然な日本語の運用に役立つ。こういった合意形成のためには、人数は1グループ5名ぐらいが理想的である。しかし、多い時は1グループ8から9人ぐらいになってしまい、その際は学生から話をまとめるのが難しかったというコメントが寄せられた。

　声と身体表現を使って発表するという群読活動は、学生にとってはストレスが少なく楽しみを伴った活動となった。

(杉山ますよ)

解説 11 公開インタビュー

▶定義

記者会見のように、発表者がフロアからの質問に答えることで進行する発表形式。

▶ねらい

質問者が多数いることから、様々な視点が交錯することで対象に対する認識を深めることができる。質問と応答を重ねることで、発表者だけでなく質問者も高い参加感が得られる活動である。よい発表を引き出すためには良い質問が大切である。このアクティビティを、質問者の力を高めるためのトレーニングの場にすることもできる。

▶手順

(1)発表する生徒に教室の前に出てきてもらう。イメージは記者会見のようなもの。発表者は一人でも複数でもよい。
(2)司会者は生徒でも教師でもよい。司会者は開始を告げ、質問者を指定したり、質問を促したりする。
(3)質問者は複数で、一人1項目で質問し、発表者はそれに答える。
(4)これを繰り返す。

▶活用のポイント

A.活動の場面

クラス開きの時の自己紹介、体験学習や遠足などで体験したことを他の人の前で発表する、事前に調べた内容を授業で紹介するなどいろいろな場面での活用が可能である。

B.場面設定

発表者席と司会席が質問者と対面するように座席を配置すると、発表者の表情や様子がよく見えるようになる。

「ことばモード」に重点をおいたプレゼンテーション

C. 進行の工夫
(1) 発表者は、あらかじめ聞かれそうな質問を想定し、自分が話すことをどう分かりやすく説明するか考えておく。見せるための資料、図版なども用意しておくとよい。
(2) 司会者が時間管理や質問内容の確認をする役割を担う。
(3) あらかじめ参加者に、一人一つ以上質問を用意してもらうのも良い方法だ。

D. 質問者へのアドバイス
質問者には以下のようなアドバイスをする。簡潔明快な質問を心がける。
(1) 報告者の話を良く聞き、その話の核心的な事柄をたずねるようにする。
(2) 「開いた質問」と「閉じた質問」を使い分ける。「開いた質問」は発想を広げ話をふくらませる。一方「閉じた質問」は話を絞り込んだり、あいまいな発言のポイントを絞り込んだりする働きがある。
(3) 報告者の言ったことを要約してから、自分の質問をすると話がつながりやすい。「さきほど……とおっしゃいました。その点について質問があります。」発表者には、答えたくない質問には「答えられません」と、断っても良いことを話しておく。

▶発展
・同じことについての情報を持つ者や、同じ内容を学んだ者同士が質問者-回答者として質問し答える形式をとると、学びをより深めることができる。
・また「架空インタビュー」を「ホット・シーティング」や「架空シンポジウム」へと展開することも可能である。
・このアクティビティの経験を生かして、教室にゲストを招く場合のリハーサルとして活用することもできる。

（Gehrtz三隅友子＋編集委員会）

[参考文献]
1. Gehrtz三隅友子(2002)「双方向学習の試み　交流セッションから見えるもの」『国際交流基金日本語国際センター紀要』12号　71頁〜86頁
2. 国分康孝(1992)『構成的グループエンカウンター』誠信書房
5. 堀公俊(2004)『ファシリテーション入門』日本経済新聞社
3. デヴィッド・ホーム(2007)『ダイアローグ』英治出版
4. 成田秀夫(2012)『学びと仕事をつなぐ8つの日本語スキル』丸善プラネット

実践 **11｜公開インタビュー**

異文化キャラバン隊と
アジアをひとまわりしよう!

1.実践の条件

徳島大学留学生（初級日本語コース履修中）による小学校訪問
留学生4名中国（武漢）・インド・ウイグル・モンゴル（4月から学習開始、3ヶ月経過）

　徳島大学国際センターは留学生の日本語学習と地域の児童生徒の異文化理解教育といった双方向の学習（互恵学習）のために、初級の日本語教育のコースで、小学校訪問を行っている。留学生によるそれぞれの国や町の紹介のあと、体育館にて公開インタビューを実施した。ここでは小学校6年生約40名との交流の様子を報告する。

2.準備作業

　小学生には事前にプリントを配布。留学生の簡単な紹介、顔写真と、それぞれの国について、面積・人口・首都・気候等の基本的な情報が載っている。そして用紙の空欄には、おもしろいと思ったことや質問したいことをメモすることを促した。

　また、留学生は発表用にひとりにつき6分程度のパワーポイントを使ったスピーチを用意し、日本語の練習を重ねた。

3.発表の場面

　まず、体育館にて初顔合わせである。留学生4名がそれぞれのことばで「みなさん、おはようございます。みなさんに会えてうれしいです」と言う。日本語でも英語でもない言語を聞いてびっくり顔の小学生を前に、一人ずつ今度は日本語で国と名前を簡単に自己紹介。互いにまだ緊張した面持ちだ。

　次に司会（小学校の先生）が「徳島からアジアを一回り、みんなで一緒にそれ

「ことばモード」に重点をおいたプレゼンテーション

それの国の案内人に案内してもらいながら旅行をしよう！」と呼びかけ、ツアースタート。留学生がパワーポイントを見せながら国や町の紹介をしていく。少したどたどしい、時にはわかりにくい発音を聞きながら、スクリーンに映し出される建物、民族服、果物や食べ物を見て、質問を考えている様子だ。へえ、ふーんという感嘆の声も聞こえる。だんだんみんな一緒に旅行している気持ちになってきた。

そのあといよいよ、先生の司会で公開インタビューを始める。小学6年生40人の前に椅子を並べて留学生4人が座る形をとる。小学生は聞きたいことがいっぱいあるといった笑顔、留学生は発表後の少しほっとしたものの、今度はうまく答えられるかどうか、緊張の面持ちだ。

Q. (モンゴル人へ)好きなすもうの力士はだれですか。
A. 朝青龍です、白鵬も、あ、ほかに、(笑いながら)全部好きです。
⇒　児童にも笑い
Q. (インド人へ)日本のカレーとインドのカレーのどちらがおいしいですか。
A. うー、インドのカレーは辛いです、日本のカレーはおいしいです。どちらもおいしい。(質問した児童に向かって)インドのカレーを食べましたか？
⇒　ううんと横に首を振る　みんな笑い
Q. どうして日本へ来ましたか。
A. (インド人)私は日本とインドをつなぐ仕事をするために来ましたから。
　(中国人)マンガが好きですから(笑い)。
　(ウイグル人)日本語が上手になりたいですから、私の専門は建設です。
　(モンゴル人)私は大学で働いています。歯医者です。私の大学と徳島大学は友だちですから。
Q. みなさんの国と日本の似ているところはなんですか。
A. (インド人)うーん、ちがいます。でもインド料理のレストランは日本でインドと同じです。
　(中国人)中華ラーメンが同じです。
　(モンゴル人)全然ちがいます、海がありません。

「ことばモード」に重点をおいたプレゼンテーション

（ウイグル人）同じ、海がない。
⇒　へーえ、という声と、まじめな顔

　6年生ながら、時事ネタも飛び出す。
Q.　最近ニュースで見ましたが、中国とウイグルのことが聞きたいです。
A.　（ウイグル人）中国とは悪くなりましたね。
⇒　ウイグル・中国しばらく苦笑いして沈黙
　当事者の二人が黙ってしまったので、日本語教師がその小学生に「ニュースをよく見ているんだね」と声かけし、「国の中ではいろいろあるけど、二人はクラスでとても仲良しです。そうですね」と言うと、二人はにっこりうなずいて答えてくれた。
　好奇心いっぱいの質問も。
Q.　（モンゴル人へ）ジンギス・ハンには家来がどのくらいいましたか。
A.　うーん、そうですね。（非常に困った様子）とても強いですから、大きな国を作り……うー、わかりません。
　ここでウイグル人が助け船を出してくれる。
A.　むずかしすぎです。わたしは200万人くらいと聞きましたよ。
⇒　児童、多いんだなぁの感覚か？
Q.　好きな動物は何ですか。
A.　（インド人）カンガルー、でも見たことがありません（笑い）。
A.　（中国人）パンダです。
⇒　あー、という声
A.　（モンゴル人）馬です。あ、きょうりゅうも（発表でモンゴルの恐竜について話したからか）。
　このあと、食べ物の話になり、徳島ラーメンはおいしい、などの答えもあり、和やかな雰囲気に。約15分の予定時間はあっという間に過ぎていった。

　小学生の質問の意味や意図がわかりづらい時には、小学校の教師と日本語教師が間に入って質問を確かめるという調整を行った。質問を整理する、質問を促す、質問者を当てるというのはほぼ小学校教員が行い、方言や未習の

「ことばモード」に重点をおいたプレゼンテーション

表現等を留学生にわかりやすくする作業は日本語教師が役割分担した。

　質問によっては答えるのが難しいものもあり、留学生が「うーん難しい」とうなりながら答える場面もあった。小学生からも留学生が困る様子を見て「難しすぎるよ」と笑いながらの声も聞こえる。躊躇する様子もみんなで楽しんでいた。

　授業終了を知らせるチャイムの音に、小学校教師の「質問はこれくらいで、みんな聞きたいことは次の給食の時間に聞きましょう。」のことばで公開インタビューを終了する。全員立ち上り、生徒代表の一人がお礼の言葉を述べ、もう一人は英語（英語学習の成果）でお礼の言葉を述べて、教室へ移動した。

4.生徒／教師の変容

生徒：事前の学習は特になされていなかったようだが、普段の授業で学んだことが出され、知っていることが出てきたときはうれしそうな様子が見られた。さらに国紹介をしっかり聞くことでそこから新たな疑問（聞いてみたいこと）が生まれていた。何よりも、目の前の外国人に対しての問いに、すぐに日本語で答えてもらえたことが楽しかったようだ。未知のものに対する緊張を伴った出会いから、みんなで場を共有することの安心感、勇気を出して質問をし、答えてもらえる満足感が生まれた。そして友だちの質問を聞いて、自分と違った興味を持っていることや知識の深さへの関心も喚起したようだ。

留学生：日本語力不足のため、話したいこと伝えたいことがたくさんあるのに十分に答えられなかったことが残念であった様子が見て取れた。また小学生が自分や自らの文化に対して関心を持っていることが具体的な質問として表された点に満足していた。この二つの体験がさらに日本語を学習する動機付けに結びついていることがその後の学習態度に現れている。映像を見直し、日本語クラスでもう一度、どんな質問があったのか、今後どのように答えればよいかの検討を行った。

小学校教師：このような外国人を招いての活動はめずらしく、どのように運営してよいのか戸惑いがあった。しかし教師自身が留学生と接して日本語が通じることに安心し、生徒の興味関心の高さも実感したと話していた。

日本語教師（大学教員）：小学生らが国紹介の項目から質問を考えていたことや、自分の考えを述べてから質問をする態度、また留学生の答えと友だちが質問する様子をよく見ていることから、公開インタビューは質問者の参加態度が活動としての成功の鍵をにぎることを感じた。

5.ふり返りの視点

　公開インタビューという技法を使って、留学生には日本語学習、小学生には異文化理解という二つのねらいが果たせている。また、二つの教育機関の教師たちも当日までの準備と振り返りにおいて、学びの確認を行うことができた。今回の事例は留学生の小中高校訪問等の交流活動の一部としての活用例となりうるだろう。

　事例を通して、発表者だけでなく、質問者が非常に重要な役割を果たしていること、また司会進行役も必要であることがわかった。関わる人全てが参加して一つの活動を作り上げていることも獲得型の教育といえるだろう。

（Gehrtz三隅友子）

解説 12 クイズ・ショー

> ▶ **定義**

クイズ形式を使って、リサーチした事柄を発表する。

> ▶ **ねらい**

クイズに解答してもらうことにより、生徒たちがより集中し、活動に参加感を強めることができる。クイズを作る過程で情報の選択、表現の工夫などができる。特にクイズに出すことで、重要な事柄を焦点化することもできる。

> ▶ **手順**

(1) リサーチに基づき、クイズの問題を用意する。
(2) ルールや回答のスタイルも決めておく。個人が回答するか、グループで話し合って回答するかなど。回答は○×か、三択か、自由回答方式かなど。
(3) クイズを出し、答えてもらう。
(4) 発表者が正解を言う。

> ▶ **活用のポイント**

A. 場面設定

・みんなが解答に参加できるように、解答ボード(A4くらいの紙やミニ・ホワイトボードや○×の札)などを用意する。挙手で答えてもらう場合もある。
・正解にはチャイム音、不正解にはブザー音など鳴らすと盛り上がる。
・生徒同士お互いの解答が見えるような配置をすると、お互いの交流が進む。
・グループ対抗戦にすると、解答をする過程で話し合いがおこなわれ、問題に対する理解が深まる。また競争心によって活動が盛り上がる。

B. クイズショーの構成方法

(1) リサーチしたことの中から、どんな問題が作れるか考えよう。
・とても大事だと思うこと
・調べていて、意外に思えること
・今までの学習から答えが類推できるものなど

「ことばモード」に重点をおいたプレゼンテーション

(2) 生徒の知識や理解の程度に応じて問題の難易度を考えよう。難しすぎるものも、逆に簡単すぎるものも興味をかき立てない。
(3) 問題の順番も大切。最初はみんなが答えられやすそうなものにする。その参加者たちにちなんだ問題を出すのも良い方法だ。
(4) 解答についてコメントしたり、問題を解説したりすることで、単なるクイズでなく学習プレゼンテーションとしての意味を伝えることができる。
(5) 問題は多めに用意して、時間が足らなくなったらカットするとよい。
(6) 問題には確かな根拠があることを確かめてから、出題しよう。

C. 活用の場面

・ヒントを小出しにして当てさせる「10のとびら」もある。例「それは白いです。」「甘くはありません」「しょっぱくもありません」「冷たいです」「ボタンや粉があります」……答えは「雪」
・教科書から範囲を予告し、出題することもできる。

▶発展

(1) 生徒全員がリサーチに取り組めば、全員が出題者であり回答者となる手法もある。たとえばグループ対抗でお互いが出題者になったり、解答者になったりする。ただクイズに答えるだけよりも、はるかにテーマへの理解や参加感が拡がるだろう。
(2)「これは何のシーンでしょう？」と身体を使ってフリーズ・フレームをつくり、それをクイズにする方法もある。
(3) 誰かになりきり、みんなから質問を出してもらう。それに答えていくことで誰になったかをあてるような、「ホット・シーティング」や「専門家のマント」と組み合わせたクイズもできる。

(編集委員会)

[参考文献]
1. 渡部淳(2001)『教育における演劇的知』柏書房　119頁〜120頁
2. 渡部淳(2007)『教師　学びの演出家』旬報社
3. 渡部淳＋獲得型研究会(2010)『学びを変えるドラマの手法』旬報社　55頁〜101頁
4. 日髙大介(2013)『クイズ王の「超効率」勉強法』PHP新書

「ことばモード」に重点をおいたプレゼンテーション

> 実践 12｜クイズ・ショー

音楽クイズ・ショー

1.実践の条件

市民講座「音楽ゲームとコーラスの楽しみ」
一般市民21名（男性4名・女性17名、84歳～22歳、平均年齢約70歳）

　立川市の「市民リーダー・みんなの講座」での実践である。音楽についての市民講座だが、参加者の約半数は音符の違い（音の長さ・高さ）や音楽記号もあまりご存じない方々だ。講師は、市の生涯学習センターに登録した市民であり、私もその一員である。

　講座は2日に渡り、両日とも前半はアクティビティと音楽ゲーム、後半は呼吸や発声、ハーモニー、合唱の練習という流れとなっている。時間は各2時間で、地域会館のホール仕様の集会室で行った。このプログラムのうち、前半の音楽ゲームについて報告したい。

2.準備作業

　今回のねらいは、楽しみながら音楽について理解を深めることである。リサーチをゲームに組み込み、チーム対抗で全員に出題と回答を体験してもらおうと構成を練った。

　チーム分けは、アクティビティを使って、おおよそ2つに分けたあと、音楽に関する知識を持つ人が偏らないよう楽器経験者を振り分け、年齢や男女などにも配慮した。参加者の中には、シルバーコーラスのリーダー、音大ピアノ科を卒業したばかりの伴奏者、過去のワークショップ講座経験者も2人いる。

　まず、チーム内で、リーダー、問題読み上げ、判定、得点記録、問題作成等の役割分担を行ってもらうよう仕事内容を説明した。クイズ問題作成の手助けとなるよう、音楽の基本知識についてのプリントも用意した。チーム対

［「ことばモード」に重点をおいたプレゼンテーション］

抗なので、A、Bチームそれぞれに異なるプリントを配布した。内容は、速度などの標語と演奏や反復などの記号、演奏形態や音楽の三要素や声に関する項目などを簡潔にまとめたものである。

ルール説明後A、Bに分かれて移動、進行役のリーダーのもと、分担が決まり、問題作成が始まる。両チームに「ステレオボイス」による出題をアドバイス。これを契機に話がはずみ、問題作成はにぎやかに進んでいった。

3.発表の場面

「ステレオボイス」とは、3つの異なる言葉を3人が同時に言い、その3つの言葉を当てるゲームである。チーム対抗の場合、出題する側も回答する側も集中力とコミュニケーション力が要求される。楽しんで聴取力を高めるのが1番のねらいである。

Aチーム：「今から「ステレオボイス」というのをやります。ここに書いた1番2番3番のうち、どれを言ったか当ててください。同時に言います」
　　3つの選択肢を書いた用紙(1、ねこ・カニ・犬　2、ねずみ・カミ・椅子　3、すずめ・カサ・絹)を高く示していっせいに言う。
出題者：「いちにいさんはい！▽×＃＊」
　　かにとすずめとねこがごちゃまぜに、少しずれて聞こえる。回答者は、かにとねこが聞こえたなどと話し合う。選択肢のなかにはない。そうすると、出題者が、「今、間違えました」と言ってくれたので。一同大笑い。こういった失敗は場をなごませる。
出題者：「もう一度聞いてください。さん、はい！×▽＊＃」

「ねずみいた」、「かみも聞こえた」、2だ、3だと回答者たち。やがて2番と答えると、○×判定の機械を判定係が押す。ピンポーンと鳴ると笑いがおこる。

次は与えられたお題に沿って、声で表現する問題である。これは文字や記号を音楽表現に変換し、その意味を身体に沁み込ませるのがねらいである。さらに、逆転の可能性を残しゲームを面白くするため、得点に幅をもたせるよう工夫した。単に正答は10点、誤答は0点でなく、正答でも何点与えるかを出題者で相談して決める。多様な視点に触れ合うことで評価の焦点化をめざすというねらいもある。

　Aチームの出題からはじめる。「クレッシェンドを声で表現してください」という問題がだされると、オッ、エーッという空気が流れ、Bチームは顔を寄せ合った。「アー」と声出しして確かめる人やそれを聴き納得する人などがいる。ソの高さの音を「アー」で出し段々強くしていくぞと相談がまとまり、確認練習が始まった。3〜4秒ほど続けるとなぜかおかしくて笑ってしまう人もいる。練習が無事終わると、リーダーの若きピアニストがきりっとした声を出す。

　「じゃ、行きまーす、4拍ぐらい。さんはい、アー……」
声がそろい、次第に強さを増した。Aチームから「ちょっと小さくない」「もっと大きくなってもいいよね」の声がする。Bチームは神妙になって判定を待っている。ややあって、Aチームから10点のカードが表示されると、オーッという歓声が上がった。

　次は、Bチームからの出題である。「3拍子を皆さんで表現してください」
　どんな表現をするのか、Bチームは興味津々で向かい合うAチームの様子を見ている。相談が終わり、練習が始まる。回答では、手拍子で3拍を叩きながら、1・2・3と唱和する声が集まり、徐々に力強くなって揃った。回答が終わると、拍子の早さがそろっていないという判定が出る。「エーッ、きびしい！」の声が間髪をいれず出た。ブーイングの嵐。抗議にたじろいだBチーム、若きチームリーダーに確認する。音大出身のリーダーはさわやかな声で、「1がきちんと強拍だったのでマル（正解）です」と答えるとAチームか

らヤンヤの喝采が起こる。しかし、正解とはなったが得点評価は満点（10点）の次点7点であった。評価をめぐるこうした流れは、ファシリテーターのねらいどおりで、記号の意味が鮮明となった話し合いに満足した。

問題作成での話し合いやリサーチに時間がかかったが、一旦ゲームが始まると出題の発想が面白く、楽しい回答に何度も会場が沸いた。心地よい談笑の波の中でゆったりと時間が過ぎていき、40分の予定時間は倍の80分となった。

4.参加者／ファシリテーターの変容

市民講座の受講者は平日午後の時間帯ということもあり、高齢者が多い。今回集まったメンバーの3分の2はシルバーコーラスで顔見知りだが、残りは初めてお会いする方々である。出題も回答もチームで相談し協力して行う中で、沢山のコミュニケーションと笑顔が見られた。私の講座では呼んで欲しい名前をシールに書いて胸に貼る。今回初めてお会いした男性せいさんは75歳、孫娘が音大に通い、自分も大の音楽好きということで参加、「音楽クイズは大変楽しかった。専門的なことが少し勉強になった」と振り返っている。

他に「音楽のことが分からなくても楽しめた」、「間違えてもそれがきっかけで話が弾んだ」、「学校の授業で習った程度の知識しかなかったが、皆さんに教えていただいた」、「このような音楽遊びは他にないので良い体験ができた」、「頭の体操、脳トレになった」などの声をいただいた。高齢者が笑顔で元気に活動する姿は市民講師の喜びである。

5.ふり返りの視点

私も今回のようにテーマをもとにリサーチさせ、クイズ形式で出題者と回答者の両方を経験させるという試みは初めてであった。楽譜や音楽基本知識への体感的理解と興味を呼び起こすことを願い、慎重に進めたのだが、問題作成が定まらず、ルール理解でつまずいていたことを後日知った。チーム内のコミュニケーションはうまくいっていたのだが、82歳のももちゃんは、

「説明を受けても初めは何をやるのかさっぱりわからなかった」と語る。ステレオボイスの説明を聞いてから初めて、やる中味が分かったと言う。新しい出会いの中、新しい情報を得て資料やプリントを読み取り、頭を整理し、動きだす。参加した年配の方々には、動き出すまでに相応の時間が必要なのだ。

　その一方、問題ができてからは速かった。出題方法が検討され、練習が始まり、ゲーム開始へと進んだ。「これは○×と三択のどっちで出せばいいか」という検討の末、問題を差し替えたり、ことばで言うだけでなくチーム全員の演奏で出題したり、声の表現で回答する妙を味わうなど、意欲や創造性にあふれ、大きな手ごたえを得た。

　サポートの仕方を工夫し、今後のタイムマネジメントに活かしたい。

　動き出してからのやり取りは穏やかでフレンドリーであった。人生経験の豊かさがゲームを味わい深くした。評価の視点の多様性は、参加者の音楽観や捉え方・理解力と関わるので興味深い。話し合って判定をだす仕掛けや、2次元の文字や記号を4次元表現に変換する回答法は得るところが多い。参加者がクイズを出して音楽に親しむという効果以外に、こちらの側で参加者の音楽的な経験、技量、センスなどがわかるため、講座をすすめる上でも役だった。テーマとした「音楽」は、音楽のもつ豊かさゆえに心のマネジメントを支えてくれた。

（田ヶ谷省三）

「ことばモード」に重点をおいたプレゼンテーション

解説 13 架空シンポジウム

▶定義

本書「5.なりきりスピーチ」の発展形の1つ。物語の登場人物や歴史上の人物たちが一堂に会したという設定で行うシンポジウム。特定のテーマについてシンポジストどうしの発表と討論、一般の生徒や司会者からの質疑の中で多様な意見が交錯する場が作り出される。

▶ねらい

この形式では多様な意見や見解を組み合わせて、発表を立体的に構成することができる。生徒に様々な立場からの見解を同時に伝えることができる。生徒は多様な見解を聞くなかで、自分の考えを深めることができる。

▶手順

(1)シンポジウムのテーマと、シンポジウムが開かれる状況を決める。
(2)シンポジウムに登壇する人物を設定する。
(3)担当者を決める。
(4)担当者は情報を収集し、分担しながら発言内容を作成する。
(5)事前に打ち合わせとリハーサルをおこなう。
(6)シンポジウムを実施する。

▶活用のポイント

A.場面設定

・黒板にテーマを書いた模造紙を貼ったり、登壇者の座席を教室の前方に並べたりして気分を盛り上げるとよい。登壇者の机に役割を書いた紙を掲示しておくと、生徒たちは議論を理解しやすくなる。
・登壇者は同時代人、歴史上の人物、物語の人物など、さらには人間以外のものでもかまわない。意外な登壇者をそろえることができるのも、架空シンポジウムの醍醐味である。

(例その1)テーマを「海外留学生の悩み」とし、ホームステイの事前研修にゲ

「ことばモード」に重点をおいたプレゼンテーション

ストとして招かれた小野妹子、阿倍仲麻呂、フランシスコ・ザビエル、福沢諭吉、津田梅子に体験談を語らせる。

（例その2）ヤンバルの森に生息するスダジイ（植物）、ノグチゲラ（鳥）、ヤンバルテナガコガネ（甲虫）、オキナワトゲネズミが森の環境破壊について自分たちが見てきたことを報告しあう。（『学びを変えるドラマの手法』所収の武田実践参照）

（例その3）ホッキョクグマ、ペンギン、極地探検家を招いたという設定で、北極や南極における地球温暖化の影響を報告させる。

B. テーマ設定
・年齢や性別、職業、立場、経験、その人の持つ文化的特性、住んでいる場所など各自が置かれた状況に応じて多様な意見があるようなテーマを選ぶことが大事である。

C. 準備の工夫
・リハーサルは必ずやろう。おたがいに発表内容を報告し、司会者とともに全体の流れを考える。効果的なプレゼンにするため、発言を修正しながら練習する。
・発言の型を先に示しておくと良い。例えば、「私は○○に賛成です。その理由は3つあります。第1に、……」のように順序立てて話す方法や、「△△さんは…とおっしゃいましたが、私はそうは思いません。なぜなら、……」のように他者の発言を受けた話し方をすると、生徒は議論の全体像が理解しやすくなる。
・教員が司会者として参加し、話が脱線したときに軌道修正したり、議論が沈んだときに盛り上げたりすることもできる。

▶発展
・「専門家のマント」に展開する。自分が調査した内容を生徒がその分野の専門家として聞き手に伝える。
・「ディベート・ドラマ」に展開する。登壇者の立場を賛成と反対の2つに絞り、最終的にどちらの意見を採用するかを聴衆が判断する。議論の進め方

は本書「28. ディベート・ドラマ」を参照。
- 模擬国連をおこなう。環境問題などの地球規模の問題を生徒が各国の代表として議論する。生徒は自分が担当する国の国情を調査し、その利害関係に基づいて発言する。
- 立場だけを決めて打ち合わせを行わないやり方もある。その場合、瞬時の判断力の訓練となる。

（編集委員会）

[**参考文献**]
1. 渡部淳 (2001)『教育における演劇的知』柏書房　118頁
2. 市民学習実践ハンドブック編集委員会（編）(2009)『市民学習実践ハンドブック　教室と世界をつなぐ参加型学習30』開発教育協会
3. 武田富美子 (2010)「ヤンバルの自然はいま」渡部淳、獲得型教育研究会『学びを変えるドラマの手法』旬報社　213頁〜219頁
4. 和田俊彦 (2014)「総括　ショーケースとしてのシンポジウム」渡部淳、獲得型教育研究会『教育におけるドラマ技法の探求』明石書店　122頁〜135頁

実践 13 | 架空シンポジウム

どうする？
天然記念物アユモドキの保護

1.実践の条件

　ここで報告するのは、岡山県立岡山後楽館高校の学校設定科目「地球の未来Ⅱ」(3年生、2単位)の実践である。このクラスでは、ほぼ毎回、生徒参加型で授業を進めている。

　5時間かけて「生物多様性」の学習を重ねたうえで、天然記念物アユモドキの保護問題を「架空シンポジウム」の技法をつかって学習した。配当時間は3時間。参加生徒は30名(男子10名、女子20名)である。

　アユモドキは、体の形や色がアユに似ているためにこの名がついた淡水魚である。岡山県内の河川や京都の桂川水系など、ごく限られた場所に生息する希少な魚だ。だが、河川改修や都市化による環境の変化などにより生息場所が減少し、絶滅が危惧されている。アユモドキの保護に向けて活動する人々がいる一方、生息する用水路を利用する農家の側では、水路の維持管理に大きな負担を感じている現実もある。

　ひとつのテーマをめぐって、錯綜するさまざまな意見を、同時にすくいとることができる技法、それが架空シンポジウムである。アユモドキの保護問題は、この形式で取り組むことのできる格好のテーマといえよう。

　今回の授業では、①地域に存在する実際問題への認識を深めること、②架

空シンポジウムに取り組むなかで、様々な意見の違いをより具体的な文脈で知り、生徒が自分なりの意見を形成する手掛かりにしてもらうことを目指した。

2.準備作業

今回は、以下のようにジグソー法と架空シンポジウムを組みあわせて展開した。

1時間目：問題点の整理

まず筆者から、新聞記事やプリント資料で情報を提示した。アユモドキが絶滅危惧種であること、アユモドキが生息するには、用水路がコンクリートではなく石垣である環境が必要なこと、農薬や化学肥料の使用等に気を遣わなければならないこと、2008年には用水の清掃のため水位が下がり過ぎて46匹のアユモドキが死んでしまうという事件があったこと等を確認した。

2時間目：グルーピング（各5人×6グループ）＋ジグソー法での話し合い

くじでグループ・メンバーを決めた後、カードを引き、以下の5つの役割を分担した。①農家A（アユモドキを守るための藻刈りが、高齢者の多い農家の大きな負担だと考える）、②農家B（たしかに重労働だが、アユモドキは地域の誇りであるから仕方がないと考える）、③アユモドキの保護活動家、④地域の農家から米を買っている消費者、⑤シンポジウムの司会者。

用水路をコンクリートにし、農作業に農薬や化学肥料を使うことにすれば、たしかに農家の負担は減少するが、一方で、アユモドキの住む環境は悪化するというジレンマが生じている。その論点を反映した役割である。

「農家A」、「保護活動家」など同じ役柄になった同士で集まり、それぞれが主張すべき点を話し合った。アユモドキの問題と密接に関連する「地区の農業をこれからどのようなものにしていくか」についても考えて、それぞれのセリフをメモにして書きだす。司会者グループは、発言の順序などを打ち合わせた。作業を終えてから、それぞれ元のグループに戻った。

3時間目：**ミニ・シンポジウム**（10分×3回）＋**振り返りシート作成**（15分）

　まず、全6グループを大きく2つのチーム（Aチーム：G1～G3、Bチーム：G4～G6）に分けた。そして、AとB、2つのシンポジウムを同時並行で進めることにした。チームのなかで、順番に1グループずつシンポジウムを披露し、残りの2グループが聴衆役になる形である。

　ここでは、目だって元気の良かったG2（女子4人、男子1人）の様子を紹介しよう。唯一の男子は、農家Bの役になった。

3.発表の場面

　司会者が立ち「これからこの地域の農業をどうしていくかということについて、住民の皆さんの意見をうかがいたいと思います」と発言し、シンポジウムが始まった。

司会者：では、まず、用水路をコンクリートにする工事を求めている農家Aさん、その理由について話していただきたいと思います。
農家A：農家Aです。私は、用水路をコンクリートにしてほしいと思います。アユモドキを保護したい気持ちはありますが、用水路を自然のままに保つと、藻が生えたら刈り取るという作業が重労働なので、高齢者ばかりの農家には負担が大きすぎてどうすることもできません。
司会者：続いて、岡山淡水魚研究会（保護活動家）の方にも聞いてみましょう。意見をお願いします。
保護活動家：今まで通り農薬や化学肥料を使わず農業をしてほしいと考えています。用水路をコンクリートにするという計画もやめてほしいと思いま

す。農家の負担はよくわかります。しかし、絶滅しそうになっている天然記念物のアユモドキを守ることはそれ以上に大切とは思いませんか。私たちも農家の方々のご負担が減るように国へ支援もお願いしたりするので、考え直してはもらえないでしょうか。

　保護活動家の発言には熱がこもっている。この発言につづけて、米の消費者と農家Bの発言が続く。

米の消費者：アユモドキを守ることは、安全でおいしいお米を食べられるということにもつながるのではないでしょうか。けれども、農家の負担があまりにも増えると、私たちの食糧にも影響を与えることになってしまうのではないかと心配しています。
農家B：確かにアユモドキが棲める環境を維持するために藻刈りをすることは、農家にとっては負担が大きいのです。そこで、皆で協力してアユモドキが住めるような環境を守ることが大切ではないかと思います。

　この後の聴衆役の生徒が意見を述べる場面では、「アユモドキも大切かもしれないけれど、年をとったおじいちゃん、おばあちゃんたちの方が大切ではないのか」といった意見が出されて、このグループの発表が終わった。

4.生徒／教師の変容

　「この地域には高齢者しかおらんの？」「若者もおるんじゃないん？」「農業する人にお年寄りが多いってこと？」生徒たちは疑問に思う点をだしあうことから始めて、台詞づくりを進めていった。
　シンポジウム本番は、比較的静かに進行していた印象だが、しかし、彼らの内面は活発に動いていたようだ。農家A役の生徒が「周りからいろいろ言うのは簡単だけど、実際に農家の立場になってみたら、その人たちが背負うことになる問題をきちん伝えないといけないと思った」と書いている。彼女にかぎらず、役柄を演じる中で、それぞれの立場が直面する問題に、精一杯向きあおうとしていたのだ。

また、「何か一つ解決しても、なんらかの形で問題が残る。それを解決するためには、たくさんの理解と協力が必要だと思った」と書いたコメントもあった。

様々な立場から意見交換することで、ただ「アユモドキがかわいそう」といった感情論や「とにかく生物多様性を守るべきだ」といった観念論から抜けだし、その一歩先に、認識を進めることができた。従って、「地域に存在する実際の問題への認識を深める」という今回の第一のねらいを、それなりに達成できたと考えている。

5.ふり返りの視点

架空シンポジウムを、彼らの意見形成の手掛かりにしてもらうという第二のねらいに関連してだが、地域づくりにかかわる提案が、生徒の側からいくつも出てきた。

例えば、「(アユモドキを守るために)用水路の掃除やお米づくりを若者が協力していけばいいと思う」、「そのためにも地域の人たちにアユモドキの大切さを教えるべきだと思う」というような、ボランティアの活用、啓発活動の提案などが典型的なものである。

さらには、「用水路をコンクリートにしてしまえば、地域活動も減ってしまいます」と分析し、むしろ地域全体で用水路の保全に取り組むことで、逆に地域のまとまりをつくる方向にすすむべきだ、という提案もあった。

筆者の予想を超える様々な提案がでてきたが、そのことは、役柄になって意見をぶつけあわせ、問題の理解を深めていくなかで、生徒たちがなんとか解決の糸口を見いだそうとした結果だと考えている。

（三宅典子）

解説 14 ニュース・ショー

▶定義

ニュース・ショー形式でおこなうプレゼンテーション。キャスター、コメンテーター、現地レポーターなどの役割を置き、内容を多角的・立体的に発表する。

▶ねらい

発表内容を、具体的な人物、場面、出来事に変換して表現することから、聴き手に臨場感をもたせる効果がある。日頃テレビ番組として親しんでいる人が多く、発表する側も観る側も形式をイメージしやすい利点がある。また他の技法との組み合わせが容易であり、多様な形態の発表が可能である。発表にあたってはこの形式が様々な活動を含んでいることから、発表グループのメンバーが、それぞれの個性を活かして役割を分担することができる。

▶手順

(1) グループで話し合ってテーマを決める。
(2) リサーチをおこない、関連情報を集める。
(3) 情報の編集作業を行い、伝えたい事実やメッセージを絞り込む。
(4) 役割分担（キャスター、レポーターなど）や発表の流れを決める。
(5) 各自の発言メモをつくる。（箇条書きでも良い）
(6) リハーサルをおこなった後、発表する。

▶活用のポイント

A. テーマ設定

- 必ずしも現代のニュースである必要はない。実際にあった歴史上のできごと、未来のできごとなど、時空を超えてテーマや場面を設定することも可能である。
- 教科の内容に即したニュースでもよい。たとえば社会科の歴史ニュース、地理で扱う災害問題、国語の文学教材、理科の発明・発見ニュースなど、幅広く活用できる。

B. 活用の場面

- 「今年の重大ニュース」など社会でおこった出来事を題材にする。また学校や学級のことなど、より身近なトピックにしてもよい。

C. 場面設定

　たとえば、正面にキャスターとコメンテーターが座るなどして、TVのニュース・ショーの雰囲気を出す。テーマ音楽を流してもよい。模造紙に番組タイトルを書いて背後に貼ったり、スケッチブックを使ってニュースを解説するフリップにしたりしてもよい。途中でレポーター、ゲストなどを呼び出すと、より立体的に表現できる。

　ただし架空の設定にするときは、「こんにちは。飛鳥時代ニュースの時間です。今年は西暦607年、いよいよあの法隆寺が完成しました」というように、観客をその時代に招き入れる工夫が必要である。

D. 構成上の工夫

- トップニュース、インタビュー、現地レポート、再現シーンなど、複数の場面で構成してみたい。番組の途中に架空CMや天気予報などを入れると、リアル感が増すとともに楽しさもアップする。また、緊急ニュースなどを挟みこむと、緊迫感も出てくる。
- 説得力のある伝え方をするために、2つのポイントに気をつけたい。1つは確実な情報。事実経過や人名、数字など、できる限り正確な情報を盛りこむ。写真、絵、統計数字などの資料も有効に活用したい。もう1つはインパクト。伝えたい事柄がくっきりと浮かび上がるよう工夫する。だれかが一方的にしゃべり続けるのではなく、応答をいれてドラマ的に表現するなどの工夫をすると聴き手に訴えかける力が強くなる。
- 発表が散漫にならないように、伝える情報を絞りこむことが必要である。

▶発展

　おもにキャスターがニュースを読み上げるというタイプの単純な発表から、複数の場面を組みあわせて構成するより複雑なものまで、さまざまな形態を

工夫できる点がニュースショーの特徴である。その意味でニュースショーはきわめて汎用性の高い技法であり、それ自体のうちに発展型を含んでいる技法だともいえる。

　とりわけ、ロールプレイ、架空インタビュー、架空実況中継など、ドラマ技法を取り入れやすい形式であることから、それらを存分に活用し、受け手が興味を抱く発表になるように工夫したい。

（編集委員会）

[参考文献]
1. 渡部淳（1993）『討論や発表を楽しもう』ポプラ社、119頁～146頁
2. 渡部淳（2001）『教育における演劇的知』柏書房、99頁～126頁
3. 渡部淳＋獲得型教育研究会編（2011）『学びを変えるドラマの手法』旬報社

実践 **14 | ニュース・ショー**

オノマトペで天気を伝えたら

「ことばモード」に重点をおいたプレゼンテーション

1.実践の条件

　国語科教職ゼミ所属の学生21名は全員が大学3年生である。授業名は「教職特別講座」。夏期集中講座のトピックの一つとしてこの授業を実践した。この講座では国語科教師を目指す学生が、国語教育方法の実験的挑戦を行っている。

　日本語には豊かなオノマトペ(擬音語・擬態語の総称)が存在する。現在このオノマトペの豊かさと、その説得力の強さが注目されている。医療や商品開発、CM、調理など、さまざまな分野でオノマトペが利用され始めている(本稿の最後に掲げた資料参照)。また若者の間では、次々と新しいオノマトペが作り出されて流通している。

　今回の授業ではオノマトペを使ったニュース・ショーを作るよう学生に指示した。この授業のねらいはニュース・ショー形式をとおして、協力して創造的に物事を発表する力を養うこと、もう一つのねらいはオノマトペを使ってみて、その持つ特質と可能性を考えることである。学生たちは3つのグループに分かれ(A・B・C　それぞれ7名)、グループによるニュース・ショーを作成・発表し、互いが視聴者となって見合う形でおこなった。

2.準備作業

　筆者は準備作業の冒頭に、ニュース・ショーとして表現する際のポイントとして、次の3点を学生に話した。第1に聞き手に伝わりやすいアナウンス・レポートを行うこと。(音量・音声・スピード・ポーズなど)第2に聞き手に興味関心をもってもらえるよう、番組構成に工夫を凝らすこと。第3にニュース番組としての公正さを保つため、多様な視点からアプローチすることである。学生たちが制作プロセスの出発点として重視したのが、「気づき」そして「おもしろさ」だ。視点や切り口の工夫次第で面白さ、新しさが見つかる。学生

たちは、まず各自が付箋にオノマトペで、思いつくものを書き出していった。それらを多くの人が注目しているものや、数は少ないが「はっ」とするものにわけて、どのオノマトペを使うか話し合いを続けた。

次にグループごとに、オノマトペが使えそうなニュース・ショー場面を構想していった。絞り込まれた結果、各グループのテーマは「天気予報」、「おいしいもの紹介」、「モテるコツ」の3本になった。

テーマが決まったところでニュース番組の台本構成表を制作し、ナレーション、出演者、小道具制作をする人等の役割分担を行い、リハーサルなどを行って、いよいよ発表に至った。

3.発表の場面

Aグループ「ウェザーニュース　オノマトペを使った気象情報」

番組のMCを担当するアナウンサーに扮する学生を中心にスタジオには、気象庁オノマトペ課部長、さらに国語学のオーソリティとしてオノマトペを研究する教授を配置し、やや離れた場所からレポーターが沖縄、東京、北海道からということで、現地の空模様をオノマトペを駆使して実況中継する。

キャスター：(にこやかに)みなさん、おはようございます。ウェザーレポートです。今日は、朝から、いろいろな地域すべて荒れ模様ということで、さあ、各地のレポートに注目です。中継がつながっていまーす。沖縄から、ともみさーん、そちら、いかがですか？

ともみ：(風雨の中で怒鳴るように、手のマイクに向かって)はあい、沖縄のともみでーす。ものすごいでーす。立ってるの、チョーきびしいでーす。風がビュービュー、雨がザッ、ザザ、ザザー、波がザッパン、ザッパン、ゴー。もう、チョー危険でーす。用がない人、ぜったーい、外にでちゃあだめでーす。

キャスター：(心配そうに)ともみさん、ありがとう〜気を付けてもどってください。さて、沖縄大変な荒れ模様のようですが、今日は、こちらに、気象庁オノマトペ課部長、新田見あずさ先生においでいただきました。先生、いかがでしょうか？

気象庁部長：はい、新田見です、今の風がビュービュー、雨がザッ、ザザ、

ザザー、波がザッパン、ザッパン、ゴーの表現から推測して、そうですね〜現在の中心気圧は992ヘクトパスカルで最大風速30メートルの大型台風というのがわかりますね。（天気図を見せながら説明する。オノマトペを気象庁オノマトペ課部長が、まことしやかに説明していくところに、聞いていた学生たちは大爆笑。）

キャスター：今日はオノマトペ研究の第一人者でいらっしゃる安藤先生にお越しいただきました。先生いかがでしたか？

安藤教授：オノマトペでのレポート非常に臨場感がありましたね。テレビをみているみなさんに、ストレートに伝わるっていうのが、大切で、これこそが、オノマトペの大きな武器といえるかもしれませんね。身体で感じ、それを言葉で表現するオノマトペは、受け取る人一人一人の感覚・感性がもとになっています。それで魅力的であり、人々の心をつかむわけですね。

キャスター：安藤先生ありがとうございました。以上ウェザーレポートでした。

　暴風雨の沖縄からの、オノマトペ満載の気象レポートを盛り込んだニュース・ショーは、聞く人のイマジネーションが広がるようによく工夫されたプレゼンだった。荒れた当日の気象を表そうと使った迫力あるオノマトペに、「なるほど〜」と見ている学生たちから感心の声がもれた。また、気象という科学的な事象を、かなり感覚的なオノマトペで表現することの意外さと面白さに、観客の笑いが絶えなかった。

　引き続いてBグループ「女子大生が行く！三軒茶屋食べ歩き」、Cグループ「オノマトペを使うとモテる？」の発表をおこなった。どちらもオノマトペを上手に使い、現代の学生たちの感覚を存分に生かした発表だった。

「ことばモード」に重点をおいたプレゼンテーション

4.学生／教師の変容

　第1に、学生たちはニュース・ショー形式が、イメージがつかみやすく魅力的な発表形式であることを理解した点があげられる。ある学生は感想文に「本物の番組をみているかのような錯覚に陥るくらい、構成が工夫されていて、ひきこまれ、思わず食べたいって思ったり、さっそくモテ度アップに使うぞって思ったり、リアルに迫ってくるものがたくさんあった」と書いている。

　第2はこの発表によって、オノマトペの持つ力に気づいたことである。「オノマトペを使って伝える工夫をいろいろ凝らしてあったことで、飽きることなく、真剣に聞くことができ、なるほどと思ったり、感心したり、楽しく学ぶヒントをもらったりした。オノマトペはすごい」と書いている。

　教師としては第1にニュース・ショー制作プロセスの話し合いが、まさに創造的なものであると感じた。学生たちは、それぞれがリサーチし、話し合い、そして協力してニュース・ショー発表にまでたどり着くことができた。自分たちの表現に対する喜びがどのグループにおいてもみられたことがうれしかった。第2に番組制作においては、ロールモデルとなる番組を想定することで、番組構成のアイディアが次々生まれている様が興味深かった。キャスターやレポーターをどのような人物にするか、小道具をどんなものにするか、聞き手が興味をもつ工夫、いかにして「つかみはOK」にするかの工夫が随所に凝らされている点にも感心した。第3は筆者自身がこの発表をとおしてオノマトペの持つ可能性にあらためて気付いたことだ。オノマトペは論理的な表現の対極にあるが、イメージを喚起する強い力をもつ。物事を論理的に考え説明する必要性を十分踏まえたうえで、さらにオノマトペの持つ不思議な力をこれからも明らかにしていきたいと感じた。

5.ふり返りの視点

　ニュース・ショー形式でオノマトペの効果を考えようと試みた今回の授業は、おおむね成功した。理由は、この形式が学生にとって発表のイメージがつかみやすく活動しやすいこと、グループで分担・協力しながら取り組める

こと、さまざまな素材を自由に盛り込める形式であることだ。学生の一人は感想の中で、「ニュース・ショーを行ったことで、自分が本物のTV局の人間になったかのように感じた。これからは、TVニュースを見る視点が変わるような気がした。」と述べている。この技法は魅力的であり発展の可能性を大いに秘めた技法であるとわかった。これからも様々な素材や場面を使って、この技法でのプレゼンに挑戦したい。

（青木幸子）

[参考文献]
1. NHK「クローズアップ現代 『ぱみゅぱみゅ・じぇじぇじぇ オノマトペ大繁殖の謎』」（2013年6月11日（火）放送）の概要文
2. 朝日新聞記事「be report『情報豊かなオノマトペ』」記事 2014年7月12日掲載
3. 大橋正房（2010）「『おいしい』感覚と言葉 食感の世代」BMFT出版社より抜粋

解説 15 ポスター・セッション

▶定義

ポスターを作り、それを補助資料として口頭メッセージを伝える発表形式。ポスターは大判のもの一枚でも、あるいは中判や小判のもの何枚かに分けてもよい。

▶ねらい

伝えたい内容をポスターに表現するので、何を書くか絞り込むことで、話し手にとって内容が整理され明確になる。発表場面では発表者にとっては、ポイントがあらかじめポスターに書かれているので、話しやすい。聞き手にとっては、視覚情報と聴覚情報が同時に与えられることで、理解が促進される。また発表の際の質問や会話によって、調べた人と見る人との個別の相互交流が容易にできる。

▶手順

(1)発表テーマを決める。
(2)調査研究をおこない、何を発表するかまとめる。
(3)内容が伝わりやすくなるよう、ポスターを制作する。それと同時に口頭発表の原稿を作成する。
(4)ポスターを見せながら、説明したり、質問に答えたりできるようにする。

▶活用のポイント

A.テーマ設定

・自分が興味を持ち調べたいことをテーマにして発表しよう。時にはテーマはすでに与えられてそれについて調べて発表することもある。あまり大きすぎるテーマは避けて、自分がまとめられそうなものにしぼる。

B.場面設定

・教室で黒板の前に出てきてポスターを掲げ、クラス全体に向けて話してもらう形がある。またポスターを教室のあちこちに貼り、発表者はその脇に

「ものモード」に重点をおいたプレゼンテーション

立つ。他の生徒たちはそれらをめぐりながら、自分が興味を持った発表の説明を聞いたり質問するという形式もよくおこなわれている。
・その際は壁やパネルにポスターを貼り、その前で来た人に説明する。発表者はポスターの横に斜めに立ち、指示棒などを使って説明するとよい。説明のあとで聞いてくれた人の質問に答えたり、発表内容にかんする会話をおこなって理解を深めてもらう。聞く人からの質問やその際の会話は、発表者にとっても有益なものになるはずだ。

C. 発表の際の心得（この項は酒井聡樹（2013）を参考にした）
(1) 5分くらいで一通り説明できるように練習する。
(2) ポスターを読んでくれている人がいたら、「説明しましょうか」と声をかける。
(3) 原稿を読み上げない。相手を見ながら説明する。
(4) 全員に向かって言葉を発する。
(5) 指示棒を使い、聴衆の反応を見ながら説明する。
(6) 質問を受ける。
(7) 縮刷版を用意し配布する。

D. 構成上の工夫
・リサーチ（調査・研究）が大切だ。しっかりとした資料や文献、あるいは聞き取りなどに基づいて自分の主張を組み立てよう。
・ポスターは、強調したいポイントをおさえつつ、あまり細かくなり過ぎないようにする。文字情報ばかりにならないよう気をつける。ざっと見ても、何を伝えようとしているかが分かるようなポスターが望ましい。
・ポスターは、字の大小や色使いなど、手書きの暖かさを出したい。また、文字だけでなく絵や写真を使って引きつけるようなポスターにする。
・話しながら、必要に応じて他のポスター、図版や資料、あるいは実物を示してもよい。
・ポスターづくりと同様に口頭発表の原稿作りにも力を入れよう。口頭発表のわかりやすさも大事なポイントである。

- 学会などでは、掲示のみが許可されて口頭では説明できない場合もある。論旨の流れとポイントをしっかりふまえ、伝えたい内容の概要と結論がポスターの中に網羅されている必要がある。

▶活用のヒント

- グループで発表するときはグループの中で役割分担をして、全員が発表に参加できるように工夫しよう。まずリーダーを決めよう。そしてポスター作成する人（ことがらをまとめるのが得意な人、文字のきれいな人、絵の得意な人など）と発表する人（発表者、資料掲示係、指示棒で指し示す人など）に仕事を分けるなどして、皆で分担しよう。

▶応用

- 生活科 「どんなお店があるかな」町に出てリサーチしてきた内容をポスターにまとめ、発表。個人でもグループでもできる。
- 家庭科 「お弁当作り」グループでテーマに合わせたお弁当（郷土の名物弁当、お財布にやさしい弁当、ダイエット弁当など）を考え、それをポスターに描いて発表する（本書「22. ものづくり」参照）。
- 進路学習 夏休みなどに高校・大学のオープンキャンパスに行き、情報収集。ひとつの高校・大学を選び、それについてポスターにまとめ、発表する。
- 修学旅行事前指導 （例）沖縄（京都・奈良）の歴史、文化、自然、食べ物、言葉、などテーマごとにポスターにまとめ、発表会をおこなう。

（編集委員会）

［参考文献］
1. 今泉美佳 (2003)『ポスター発表はチャンスの宝庫！ 一歩進んだ発表のための計画・準備から当日のプレゼンまで』羊土社
2. 宮野公樹 (2011)『学生・研究者のための伝わる！学会ポスターのデザイン術 ポスター発表を成功に導くプレゼン術』化学同人
3. 酒井聡樹 (2013)『これから研究を始める高校生と指導教員のために』共立出版 297頁〜324頁
4. 川嶋直 (2013)『KP法 シンプルに伝える紙芝居プレゼンテーション』みくに出版

「ものモード」に重点をおいたプレゼンテーション

実践　15　ポスター・セッション

NZの学校でおはしの使い方を紹介しよう！

1. 実践の条件

　ニュージーランド夏季海外研修参加の高校1年生・30名（男子8名　女子22名）。
6つのグループに分かれて、それぞれ選んだテーマについて、現地の小学校でポスターを用いて英語で発表をするので、その準備、リハーサルを1学期に行った。

活動のねらい
(1) 日本文化を伝えること。
(2) 英語でコミュニケーションが取れるようになること。
(3) 一方的な発表でなく、聞き手との交流を含むものとする。
(4) そのために、話しやすくなるようなポスターを作製すること。聞き手にもわかりやすくなるよう心がけること。

2. 準備作業

　4月から7月までの毎週1回、放課後集合して事前学習、準備を行った。最初に、ニュージーランドについてグループごとにリサーチし、冊子を作って発表をした。次は日本紹介である。
　「現地では、小学校訪問をします。そこで小学生に日本文化を紹介し、一緒に体験したり遊んだりします。グループに分かれて、何をテーマにするかまず決めてください」
　食べ物、昔話、伝統的遊びなど、それぞれ違うテーマに決定。前回と同様に冊子を作ることを宿題とした。
　翌々週に1回目のリハーサルを行ったが、声が小さく、英語も不明瞭、視覚的に助けとなる小道具もなく、とても伝わりづらかった。作成した冊子を

「ものモード」に重点をおいたプレゼンテーション

見ながらしゃべるだけで、冊子を作ったことが逆にあだとなったようだ。そこで、ポスターを作って見せながら話をすることを提案した。
　「まだまだ声が小さいし、アイコンタクトがまったくないね。これで小学生をひきつけられるかな？
　英語の表現に自信がないようなので、もっと先生たちに聞きにきてください。今日やってみて、他のグループも見て、どうすれば良くなるかわかったかな？　もっともっと、紙に書く、実物を見せるなど工夫した方がいいね。そして小学生に体験してもらう、例えばクイズやゲームなど、考えてみようよ」
ALTからは、自分も楽しんで発表できているかが大事で、そのためには何回も練習しよう、などのアドバイスをもらった。

　このあと、さらに毎週準備作業を行う。日本語と英語をどう交えるか、写真や絵、実物をどう効果的に見せるかなど、話し合いと作成が続いた。同時に英語表現をわかりやすくすることを指導し、ALTや留学生にも手伝ってもらった。2回目のリハーサルを経て、ようやく発表がスムースに流れるようになり、自然なジェスチャーや笑顔も見られるようになった。いよいよ出発直前、最後のリハーサルの日。観客はいつものように交流プログラム参加者全員。小学生になったつもりで聞いてもらう。

3.発表の場面（ここでは2つのグループを取り上げた）

＊『おはし』グループ

　"Do you know "OHASHI"? OHASHI means "chopsticks" in English. Today, we are going to tell you how to use chopsticks……."
　「おはしを知っていますか？　今日は使い方をお話します」と、出だしはなかなか順調。黒板にお箸を持つ手を書いた大きなポスターを貼り、持ち方、動かし方を説明する。
　"The first chopstick is fixed like this. And hold the second one just like a pen or pencil. Move the second one so that you can eat anything smoothly."

　発表者が説明すると、左右の生徒は手におはしを持ち、1本目を固定して2本目を鉛筆のようにもって動かす動作をしてみせる。

　続いて、おはしに関するクイズ。おはしを使うのはどちらでしょう、とカレーライスとおそばのポスターを見せる。これは簡単なので、観客役の生徒たちもくすくす笑って手を挙げる。おはしのマナーもクイズで教える。食べ終わったらおはしをちゃんとそろえよう、ということが絵でよくわかる。

　次にお楽しみは、おはしを使ったゲーム。小学生をグループに分け、速さを競わせる計画だ。カラフルなケーキや果物の形をした消しゴム5個が紙皿にのせてある。それらを、おはしで隣の紙皿に移し、次の人にリレーする。その際「いただきます」と「ごちそうさま」を言わなければならないので、ゲームの前にそれも練習。日本語とローマ字で書いた紙を見せ、みんなで声を出して練習した。「ご馳走さま」の「馳走」とはrunのこと、走りまわってお客様のために食べ物を用意する、これが日本のホスピタリティです、との説明には皆から拍手がおこる。

　2チーム作ってReady……　Go! わざと下手にやってみせたり、利き手でないほうでやったり、小学生役もなかなかのもの。「いただきます」を言い忘れてやりなおし、などわいわいにぎやかに進行した。

＊**『お手玉』グループ**

　まずはお手玉づくりに使う材料の紹介。お手玉の中には小豆が入っていて、小豆は甘く煮て食べられることなどを、ポスターの写真も示して説明した。その後、実物を出して遊び方を教える。

"I'm going to show you how to play OTEDAMA. One in your right hand, the other in your left hand, and then, change positions like this."

　こう言って両手で二個を扱うのは簡単であること、片手で二個を回すやり方もあることを披露する。やって見せたあと、ここでクイズ。

　"How many OTEDAMA do you think I can handle at one time?"（一度に何個のお手玉を回せると思いますか）

　"Two? ……. Three?"　参加者に手を挙げてもらう。答えはなんと、"Five."　実際に器用にやってみせ、拍手喝采。

　このあと、剣玉も同様に説明し、実演が続く。参加者にやってもらうため、何セットも用意し、楽しんでもらった。

　リハーサルは3回目でこれが最後、いよいよニュージーランドへ出発だ。ここまで準備したから大丈夫、成功を確信した。

4.生徒／教師の変容

　ニュージーランドでの発表後、生徒たちは次のように振り返っている。

　「最初は緊張したけれど、小学生たちが目を輝かせて興味深そうに聞いてくれるので、だんだん楽しくなっていきました。参加型のアクティビティを入れたのがよかったと思います。練習の甲斐あって、成功できて本当にほっとしました。英語でのコミュニケーションにも自信がつきました」

　「休み時間には小学生に囲まれ、毛筆でのサインをねだられたり、逆に手作りのブレスレットをプレゼントされたり、人気者の気分でした。参加型でいっしょに遊ぶことで心を開いてくれて、帰るときには何度もハイタッチしました。忘れられない思い出になりました」

入学してすぐに始まった事前指導では、当初多くの困難があった。まだ名前も覚えていない、出会ったばかりの生徒同士でグループを作り、まず仲良くなることからスタートした。集まりは週に1度で決して多くはない。コンピュータ室でのリサーチも、個人作業になりがちで少々心配した。

　また指導する際には、どんな環境でもプレゼンが成立するよう、ただ一方的にしゃべるのでなく、絵や文字や実物を見せることが視覚的に助けになることを実際にやってみせた。

5.ふり返りの視点

　ポスター・セッションは、理解の助けになる言葉や絵などを主に手書きで製作し、見せながら話すので、聞く側にも話す側にもやさしいプレゼンテーションの方法と言えよう。

(1) 準備段階で話し手が内容を明確にできる。
(2) 何をどういう順序で展開するかが視覚化されるので、安心して話せる。
(3) 紙に書いたものがメモ代わりになるので、原稿を読む必要がなく、聴衆とのアイコンタクト が保てる。
(4) パワーポイントのように情報が消えてしまわず、ずっと提示されているので、聞く側もわかりやすい。
(5) 手書きの文字や絵なので大きさや色も工夫しやすく、親しみが持てる。

　今回のニュージーランド研修プログラムの大半は姉妹校である高校の授業に参加しており、小学校訪問は1日限りの特別な体験である。訪問する小学校は毎年変わるので、どんな教室か行ってみないとわからない。英語でのプレゼンテーションなので、生徒たちは当然かなりなプレッシャーを感じていた。しかし、より伝わりやすい方法をアドバイスし、かつ何度もリハーサルを重ねることで、不安を取り除いていった。現地の小学生にはなじみのない日本文化を紹介するという難しい課題を、結果的には「楽しく」こなすことができ、大きな自信につながったようだ。

〈両角桂子〉

解説
16 | フォト・スライドショー

▶定義

写真や図などのデータを、プロジェクターを用いて次々と投影しながら行うプレゼンテーション。新しいタイプの紙芝居と見ることもできる。

▶ねらい

発表内容を写真や図などを用いて示すことで、大人数にわかりやすく効率的に伝えることができる。一般生徒はスクリーンを見ているので、発表者は大勢の視線にさらされずに発表できる面もある。

▶手順

(1)発表のテーマを決める。
(2)全体構成やスピーチの展開を考える。
(3)それにふさわしい写真や図を選んで構成を考える。
(4)スライドに文字情報が必要な場合は作成する。
(5)グループ発表の場合は、必要な役割分担をおこなう(資料収集、スライド作成、発表など)。

▶活用のポイント

A. 作成上の工夫

・スライドはスピーチを理解してもらう補助手段と考える。スピーチの構成が第一であり、スライドに過度に頼らないようにしたい。
・伝えたいことに相応しい印象的な画像の選択と編集が重要である。
・BGMや効果音と組み合わせることで、より強い印象をもたらすことができる。
・スライドに文字情報を入れると視聴者の理解を助けることができる。

B. 活用の場面

・さまざまな場面で活用できる。例えば社会科見学などの教科学習や校外リサーチを行う総合学習など。授業で学んだことや調べたことを発表する以

「ものモード」に重点をおいたプレゼンテーション

外にも、新入生への学校紹介や部活紹介などにも使える。また、行事（体育祭、文化祭、遠足・修学旅行など）の後や、学年の終わりや卒業式や謝恩会などの際に、自分たちのあゆみを振り返ることができる。

▶発展
- この活動自体には送り手と受け手の相互交流は少ないので、スライドショーの後で質問を受けたり、意見交換を行ったりするとよい。
- スライドショーの中に動画を挿入することもできる。
- 低学年の生徒などでパソコンの扱いになれていない場合は、本書「20. 紙芝居」から取り組むと良い。
- 表示する写真を一定時間で変化させる機能を使ったり、スライドごとにタイトルや詳細を付記して説明することもできる。

（編集委員会）

[参考文献]
宮野公樹(2013)『研究発表のためのスライドデザイン 「わかりやすいスライド」作りのルール』講談社ブルーバックス

実践 16 | フォト・スライドショー

留学生のJ君、日本での10か月をふりかえる!

1. 実践の条件

　ロータリークラブの招待で来日していた高校2年生のJ君が、留学生活の1年間を振り返り、修了式でスライドショーにより15分間の発表を行った。以下のいきさつである。毎年6月、国際ロータリークラブの親善大使として来日している留学生は、帰国前の修了式で、10か月間の留学生活について日本語で発表することになっている。それで筆者の勤務校にいるアメリカ人留学生J君も、発表の準備をすることになったのだ。

　くせ毛で金髪のJ君は、日本のアニメ・ファンで、富士山や京都の景色が好きという高校生だ。「ただスピーチをするより、10か月間の生活ぶりを写真で見せてはどうだろう。」と勧めてみると、彼もすっかり乗り気になった。ここで報告するのは、筆者が担当する授業「日本語」で準備し、代々木のオリンピックセンターで披露したスライドショーの取り組みである。

2. 準備作業

　来日当初はまったく日本語ができなかったJ君である。しかし、毎日1時間「日本語」の授業をうけ、間違えを気にせず積極的に話す努力をした結果、帰国時にはずいぶん日本語が上達していた。

　留学生活でどんなことが一番心に残ったか、まずは時系列的に書き出してみることにした。「日本に来て始めに感動したのはどんなこと?」と尋ねると「8月にホストファミリーと一緒に富士山に登って、そのとき見た朝日がすごくきれいだった」という。

　「9月の始業式で、全校生徒に自己紹介をしたときは、まだ日本語ができず自分で何を言ったかもわからなかったけれど、すごくドキドキした。それから文化祭や運動会があって、色々な人と友達になって少しずつ日本語が分

「ものモード」に重点をおいたプレゼンテーション

かるようになった」。J君が次々に思い出していく。「富士山や学校生活の様子がわかる写真を、一つのイベントごとに2、3枚ずつ用意しよう」ということになり、それぞれの写真を集めることにした。

「春休みに両親が来日した。自分がガイド役になって訪ねた浅草では桜が満開だった。これは良い写真がある！ 5月には高校2年生の学年遠足で鎌倉に行った。そういえば、海に入ったらいけないと言われたのに、みんなで入って先生に怒られた！」J君は楽しかった思い出をどんどん言葉にしていく。ただ、スピーチの内容とぴったり合った写真がなかなか見つからない。J君も次第に気弱になり、風景写真を並べる程度でいいかと考えはじめた。そこで、「なるべくJ君が他の人と一緒に何かをしている写真が良いよ」とアドバイスをした。日本の生活に慣れていく様子が、見てくれる人たちに分かるようにしたいからだ。また、「一枚のスライドに写真一枚というだけでなく、2、3枚一緒に貼って変化をつけるのもいい、ただし、多くの情報が入りすぎないようにね」とも伝えた。

作品ができてから、スピーチの内容を考え、一度文字に起こした。スピーチにはユーモアを含めるようにともアドバイスしている。自分の体験をただ説明するだけでは単調になるから、それを避けるためである。また、本番では原稿を見ないで話せるように、スライドごとのキーワードを小さい紙に書いておくようにとも伝えた。リハーサルも欠かせない。授業で5、6回練習し、次のスライドに移るときのタイミング、アイコンタクトの仕方、間の取り方、日本語の発音と強弱の付け方などを意識するように指導した。

3.発表の場面

こうして当日を迎えた。代々木にあるオリンピックセンターの国際交流館大ホールで、ロータリークラブ来日生修了式がもうすぐ始まろうとしている。今回来日している8名の留学生が、左側の席に緊張した様子で座っている。各地区ロータリークラブの会員、これから海外へ派遣される予定の高校生、ホストファミリー、学校関係者、友人など200人以上の人々が留学生のスピーチを聞きに来ている。スピーチはプログラムの初めに行われ、J君は3番目に発表するようだ。スピーチは、一人あたり15分の予定だ。

　まず始めに、メキシコとフランスからの留学生がスライドなど使わずにスピーチをした。緊張しているせいか、途中で覚えていたことを忘れてしまったり、楽しかった思い出を話しているうちに、泣き出したりした。

　J君の番がきた。彼はスピーチを始める前に、スライドショーの用意があることを観衆に伝えた。すると、「いいね!」と思わず声に出す人がいた。彼はこのスピーチのために、表紙と最後の挨拶を含む30枚のスライドを用意した。

　J君の好きな富士山や京都の寺院の写真のほか、学校生活や来日した両親の写真など、さまざまなスライドを見せながら、ゆっくりとした自分の言葉で、1年間の思い出を語った。原稿を見ることもなく、話したいことを自然と伝えることができている。季節ごとに楽しかったこと、様々な貴重な体験があったことがわかる。

　楽しいことだけではない。来日3カ月を過ぎた頃には、米国の家族とスカイプで話をしていて、ホームシックになってしまったり、サッカー部の試合でけがをしてししまったりと、大変なこともあった。

　彼の人柄の良さがホストファミリーに愛されたこと、たくさんの友達がいた留学生活だったことが、見ている人にも十分に伝わったようだ。特に、留学生活も終わりに近づいた5月に学年遠足で行った鎌倉の様子を、3枚のスライドを見せながら説明しているときのことだ。自然な笑顔で友達と肩を組んでポーズをとる写真などから、彼がアメリカ人留学生という特別な存在ではなく、他の生徒たちと全く変わらない普通の高校生として、溶け込んでいることが伝わってきた。

　この頃には友達との話も、マンガやテレビ番組の話題で盛り上がるように

「ものモード」に重点をおいたプレゼンテーション

なっていた。「1年間いろいろあったけど、成長したね!」と近くに座っていたホストファミリーが声を漏らした。自信に満ちた流暢なスピーチから、J君の日本語がとても上達したことが分かる。日本語で敬語も使えるようになっただけでなく、礼儀作法や周囲への気遣いなどの点でも成長したのだという。

　J君のスピーチは、大拍手で終わった。私の隣りにいたロータリークラブのカウンセラーも「J君、やるね!」と嬉しそうに呟いた。休憩時になると、彼のまわりに人々の輪ができた。J君のスライドショーは、ロータリークラブの方々に、強い印象を残したようである。

4.生徒／教師の変容

　今回に限らず、以前からスライドショーの使用を勧めている。制作過程で、10か月の留学生活が鮮明に甦ってくるからだ。

　毎回、生徒の自主性を大切にして指導にあたっているが、気づいた点はどんどん声かけするようにしている。自主性にすべて任せ、アドバイスを控えた年もあったが、やはりうまくいかない。より良い内容にしてほしい、より伝わる表現にしてほしいという願いから、「準備作業」の項で紹介したような細かいアドバイスをするようになっていったのだ。

　最初はなんとなく準備をはじめたJ君だったが、出来上がっていくにつれ、一見面倒くさく思える作業も、少しずつ楽しみに変わっていったようだ。発表の準備が終わったら、筆者自身も達成感を感じたし、発表当日のくるのが楽しみとなった。

5.ふり返りの視点

　J君は、スライドショーを使用することで、留学体験を十分に伝えることができた。写真を使用することで、スピーチ内容が観衆により鮮明に伝わる点が良い点だ。

　自分の伝えたいことを、一度原稿にしたことも良かった。そうすることで、発表内容が整理できたからだ。キーワードさえ覚えておけば、本番では、原稿を読まずにスピーチできる。

　留意点は、間の取り方とタイムキーピングだ。間は短くても長すぎても良くない。その点をいつも練習のときに調節するよう心がけている。

（関根真理）

解説 17 | PCプレゼン

「ものモード」に重点をおいたプレゼンテーション

▶定義

PCやタブレットのような情報機器内にあるスライド資料を、大型スクリーンや複数のモニタに提示しながら行う発表。紙芝居、スライドショー、ポスターセッションなどの発展形の1つ。

▶ねらい

この形式では大人数に向けて同一の情報を一斉に伝えることができる。文字や静止画、動画などを口頭発表に加えることで、視覚的にも聴覚的にも理解しやすい形式である。

▶手順

(1) 発表のテーマを決める。
(2) 内容やストーリー展開を考える。
(3) 2に関する写真や図、絵、文献などの資料を収集する。
(4) 資料に基づいて構成を考え、プレゼンソフトのスライドを作成する。
 伝えたい情報に合わせて、箇条書き、図表、写真、ビデオなどから適切な表現方法を選択する。また一度出来上がったスライドは何度も推敲して完成させる。
(5) グループ発表の場合は、必要な役割分担をおこなう。(スライド作成、発表など)

▶活用のポイント

A. テーマ設定

- どのようなテーマでも扱えるが、グラフに加工できるような統計資料や写真などが入手できるものが取り組みやすい。
- 良い作品の作るには全体構成が大切だ。参加者にテーマをどのように導入し、何を伝えていくのか、全体の構成をよく考えよう。
- テーマをしぼること。事前準備や発表に使える時間から計算して、その枠で扱える規模のテーマにする。

B. 活用の例

- 中学校修学旅行のクラス別行動の行き先を選ぶ。生徒たちはツアーコンダクターになったつもりで候補地に関する情報を分担して調べ、年齢や好みなどの要件を念頭に置きながら企画書を作成する。完成した企画書の内容を、PCのプレゼンソフトを利用してクラス内で発表する。実際の旅行代理店の社員に審査員をしてもらい、優秀な企画は学年集会で発表する。
- 修学旅行の事後報告として使うこともできる。次の学年に向けて1日目、2日目、…と時系列に沿ってまとめたり、「一押しスポット・残念なスポット」など、聞き手の興味を引くように構成を考える。
- 討論授業の入り口に使う。社会科や地歴公民科では絵画や写真、地図を用いて討論授業を行うことがある。その際、PCプレゼンソフトを使うことで扱う資料を一元化できる。

C. 準備の工夫

- 与えられた時間を念頭において準備する。
- 事前に機器の配置や使用方法に生徒が慣れておくことが必要だ。本番同様のリハーサルをして、確実に使えるようにしておこう。スライド画面の切り替えも話し手本人がおこなうか、誰かに頼むのか決めておく。切り替えのタイミングも大事だ。
- 話し手自身も実はスライドの要素だ。どこに立つか、どのような表情、どのような声で話すか考えて、練習しておく。話す際のマイクの使い方にも慣れておこう。
- この発表は個人でもグループでもできる。目的や使える時間などの環境に合わせて決める。グループで行う場合は、PCの技術に偏りが出ないよう配慮する。
- グループで役割分担をする際には、スライド作成者に仕事が偏りすぎないように配慮する。

D. スライド作成

(1) 1枚のスライドには一つのメッセージを明確に示すこと。複数のメッセージを1枚に盛り込まない。文章は数行にしぼること。

「ものモード」に重点をおいたプレゼンテーション

(2) 見やすさ、わかりやすさに重点を置く。そのために図表、写真などを効果的に使う。
(3) スライド全体のデザインを統一する。文字色も数色にしぼって使い方を統一する。
(4) スライド枚数を適度に抑える。ひんぱんに数多くのスライドを切り替えると、見ている人が追いつかなくなる可能性がある。
(5) 視覚にハンディキャップのある人の存在や、著作権などに対する配慮をしてスライドを作成する。

E. 発表の工夫

・話し手は聞き手の反応や持ち時間を見ながら発表するように努める。必要ならスライドを戻して説明を加えたり、飛ばしたりして柔軟に対応する。レーザーポインタなどで大事なところを指し示すこともよい。
・可能であればスライドの内容を紙に印刷して事後に配布すると良い。(「後でスライド画面のコピーを配ります」と最初にアナウンスしておくと良い。)
・アンケート調査の結果を発表する際に、そのアンケートと同じ質問を聞き手にしてみるなどして、参加意識を高めるよう工夫する。

▶発展

・身体表現との融合。途中までスライドで発表して、スキット、ダンス、パフォーマンスなどの身体的な表現に切り替えることもできる。
・本書「24. なりきりプレゼンテーション」のように、話し手が自分以外の誰か (何か) を演じながらPCプレゼンテーションをおこなえば、さらに面白みが増す。

(編集委員会)

[参考文献]
1. 楳澤和夫 (2000)『絵画・写真・地図を使って討論を』日本書籍
2. J. ニーランズ、渡部淳 (2009)『教育方法としてのドラマ』晩成書房
3. 渡部淳＋獲得型教育研究会編 (2010)『学びを変えるドラマの手法』旬報社
4. 黒木登志夫 (2011)『知的文章とプレゼンテーション』中央公論社
5. 後藤芳文、伊藤史織、登本洋子 (2014)『学びの技』玉川大学出版局
6. 獲得型教育研究会、異文化間教育学会 (2014)「第13回高校生プレゼンフェスタ報告書」

実践 **17 | PCプレゼン**

ハリー・ポッターのすべて

1.実践の条件

　ハリー・ポッターをテーマにした発表「All around Harry Potter〜世界にもたらした影響〜」は、東京都の9つの高校が参加した「第4回高校生意見発表会」(2004年3月　会場：東京都立工芸高校視聴覚室)で行われたものである。校内のEnglish Dayでやった発表が好評だったため、さらに練習を重ね、中村高校の代表としてエントリーすることになったのだ。

　発表したのは自主的に集まった高校2年生の仲良し5人娘、普通科の生徒たちである。PCプレゼンとスキットを組みあわせた11分間の発表は、すべて英語で行われたが、聴衆のために、英語・日本語の対訳字幕を用意している。筆者は、彼女たちの相談役でこの発表に関わった。

2.準備作業

　英国の女性作家J.K.ローリングの『ハリー・ポッター』シリーズ(全8作)は世界100カ国以上で訳され、1億部を上回るベストセラーとなった。第1作「ハリー・ポッターと賢者の石」が映画化されると、日本では2001年12月に公開された。

　5人はこのハリー・ポッターが大好きだが、なかでもMさんが夏休みにロンドンまで取材にでかけたことが、みんなの取り組みに拍車をかけた。英国「キングスクロス駅9と3／4番線(ホグワーツ魔法魔術学校行きのプラットホーム)をみたり、英国の街頭で「あなたはハリー・ポッターを読んでいますか」と道行く人にインタビューをしたりしたのだ。

　みんなで都内の書店めぐりをし、ハリー・ポッターの便乗商品がいかに氾濫しているのかも取材した。

　8月から11月のEnglish Day本番まで、3か月かけて発表を準備した。情報の収集と編集、プロット作り、脚本執筆、スライド作成、配役、衣装作り、

「ものモード」に重点をおいたプレゼンテーション

127

リハーサルと続く作業だが、あくまで彼女たちの自主的な取り組みが基本である。

　いちばんの工夫は、PCプレゼンとスキットを組みあわせたところである。それも、自分たちが作中の人物になって登場し、掛け合いをする方法を考えたのだ。

　スライドの作り方やPCの操作は、情報処理の授業ですでに習っている。英訳した脚本の校正と読み方の指導は、ネイティブの先生にお願いした。読み上げてもらったシナリオを録音し、それを聞きながら繰り返し練習したのだ。

　すでにEnglish Dayで好評を博していたこともあり、それなりに自信をもってのぞむことができたようだ。とはいっても、発表の順番がこの日の最後。留学生の生き生きした体験談、演劇的手法で観客を惹きつけるものなど、次々に素晴らしい発表を目の前でみせられると、さすがに緊張が高まってくる。そしていよいよ本番。

3.発表の場面

　視聴覚教室とはいっても、会場は立派な中規模ホールのつくりである。正面に大きなスクリーン、手前が低めの演壇になっている。

　BGMが流れると、マント姿のハリー（主人公。全寮制のホグワーツ魔法学校グリフィンドール寮で学ぶ）とハーマイオニー（正義感の強い女の子。同じ寮の仲間）の2人が客席通路からさっそうと登場、スクリーンの上手にたつ。遅れてロン（やはりグリフィンドール寮の友人）が登場。早速、ハーマイオニーと口げんかになる。ハリーの仲裁で、「さあ、世界に与えた影響を考えよう」となるころには、会場がすっかりハリポタの世界に。発表は4場面で構成されている。

場面1：『ハリー・ポッターと賢者の石』の経済的効果（5分）

　ここから3人による「ハリー作品（映画）の経済効果」の説明である。映画を配給した「松竹」の2001年の東証株価の変遷をスライドで示し、次の点を明らかにした。

　映画「ハリー・ポッターと賢者の石」が、203億円の興行収入を記録し、

これが日本における映画興行収入の新記録になったこと、また「松竹」の売り上げが前年比20.7％も上昇し、赤字から脱却したこと。また、映画公開日（2001年12月1日）の直前に株価が急上昇したことなどである。
　これにつづけて、東京の書店めぐりでみつけた「ハリー・ポッターコーナーや便乗商品」の写真をスライドで示し、ハリーが「I do not like such a propagation. It's a professed work.」（「こんな金儲け主義の宣伝はうんざりだ。冒涜だ」）と批判する。

場面２：「**ハリー・ポッター、負の影響**」（2分30秒）
　そこに突然、スネイプ教授（魔法薬学担当）とマルフォイ（名家出身を鼻にかけるスリザリン寮の同期生）が乱入する。こちらもマント姿だ。2人がスクリーンの下手にたち、ロンたちと挨拶代わりの口論が始まる。
　そしてスネイプ先生が「この作品は、世界が注目する作品だけに負の影響も大きい」と語ると、マルフォイが1枚のスライドを提示する。それは、米国図書館協会（ALA）が発表した「2001年問題本・受入れ禁止本リスト」である。なんと、ハリー・ポッターがリストの1番にあるではないか。その理由が「反家庭的、オカルト・悪魔的、人種差別、宗教上の理由、暴力」となっている。ちなみに「二十日鼠と人間」（ジョン・スタインベック）や「チョコレート戦争」（ロバート・コーミア）もリストに入っている。
　米国の保守的なキリスト教徒は、『ハリー・ポッター』シリーズが、魔術を美化し幼い読者をオカルトへ誘惑することを意図した悪魔の手引き書だ、と非難しているのである。複数の州で学校からこの本を回収する運動が続けられているという。
　すかさず「こういう人々は本を読んだとはいっても、内容を理解していないのではないか」とロンが反論し、ハリーとハーマイオニーが大きくうなずく。

場面３：「**スネイプ先生、英国現地取材報告**」（1分）
　するとマルフォイが「作品が世界に影響を及ぼしたのは事実だ。しかし、世界中という言葉自体が曖昧で、見落としがある」といいかえす。

「ものモード」に重点をおいたプレゼンテーション

ロンたちが「証拠はあるのか?」と詰め寄ると、キングスクロス駅構内に立つスネイプ先生(これがMさん)の写真が大写しになる。英国取材のときのものだ。「このプレゼンテーションのために夏に訪れたのだ」とスネイプ先生が写真を指差して胸を張る。

　ロンは「自分の写真を撮るとはなんと恥ずかしい。それに写真の目が真剣で怖いな」と一撃を加える。場内は大爆笑。観客席との一体感が増す。画面には「街頭でのインタビュー：あなたはハリー・ポッターを読んだことがあるか」の字幕、Yesと答えた人数はゼロ。「ZERO」の文字が大きく画面に表示される。

場面4：「**結論**」(2分40秒)

　そして、出演者の5人がこもごもスピーチする結論となる。

　ハリー役は「世界と言っても多様である。お金がなく、文字の読めない子どももいる。当然本も読めない。この本は夢や希望だけを子どもたちに与えようとしている本ではない。人間は平等ではないことを私たちに気付かせてくれる本ではないか」という。

　またロン役は「不平等という問題を解決してくれる現代のヒーロー、ハリー・ポッターはどこにいるのだろうと私たちは考えさせられる。多くの人たちがこの本に引き寄せられる理由の一つだ。この不思議な求心力こそ、一番の魅力であり、世界にもたらした影響ではないか」と考察をのべる。

　最後に、「Have a nice trip to the World of the Magic. Thank you for your listening.」のことばで上演終了。満場の拍手が起こった。

4.生徒／教師の変容

　上演直後に生徒たちからこんな感想がでた。「私たちのプレゼンテーションは聞き手の目を引くためにはどうすべきかを、聞き手の視点に立って考えた最初のチャレンジだった。他の発表はシンプルな形式が多かったので、私たちのガウンなどの衣装を着た発表に周りが驚いているのを感じた」。

　たしかに、情報処理で学んだプレゼンテーション・スキルを駆使し、さらにスキットと組みあわせて自分たちの主張を発表するという方法は斬新だっ

た。審査委員の先生方の評価も高く、特別賞を受けた。

　発表の成功は後輩たちにも画期となった。以後、中村高校の発表形式が、「PCプレゼンソフトを使用した英語によるプレゼンテーション」という形式で定着したのである。そして2年後、後輩たちが「留学Before & After」を発表し、ウィステリア賞（最優秀賞）の栄冠に輝くことになる。引率教員として参加した筆者もこの創意をかりたてる学びの形に刺激を受け、いまも大会運営委員として活動している。

5.ふり返りの視点

　5人娘のプレゼンテーションは10年以上の歳月を経たいまでも光を放っている。最大の要因は、ハリー・ポッターを題材にしつつ、忌憚なく貧困・格差社会の問題に切り込んだメッセージ性だろう。

　マルフォイを演じた生徒は、経営コンサルタントとして活躍している。発表の6年後にキャリア教育の講師として本校に招かれ、PCソフトを用いて講演した。また、かつてのハーマイオニーはパソコン教室の講師をしている。プレゼンを行う機会の多い2人が共通して語るのは、「テーマの内容（メッセージ）」「テーマにあった表現方法・伝わりやすい話し方」「切り出し方（つかみ）」という要素で話を構成するという点だ。また、両名とも10年前のプレゼンテーションが現在の仕事に生かされていると話している。

　中高時代の学びがその後の人生を決定づける場面もある。今回の報告をまとめるにあたり、卒業生からは多くのことを教えられた。改めて感謝する次第である。

（早川則男）

＊「高校生意見発表会」の詳細については、本書の応用編33「高校生プレゼンフェスタ」の項を参照ください。

解説 18 | ビデオ作品

▶**定義**

ビデオ作品などを制作し、発表する

▶**ねらい**

動画や音声で、視聴者に臨場感のあるメッセージを送ることができる。フィクション作品の場合、何度も撮り直しや修正がきき、完成度の高い作品に仕上げることができる。インターネットを使えば、教室をこえて社会にメッセージを発信することもできる。

▶**手順**

(1) テーマ、どのような作品制作にするかを決める。(動画、静止画)
(2) 作品の流れ(プロット)をまとめる。
(3) 撮影対象を選ぶ。
(4) 映像(写真やビデオ)を撮る。撮りすぎにならぬよう「絵コンテ」(後述)を作る。
(5) 編集作業を行う。
(6) 発表をする。
(7) 放送後に、工夫した点などを各グループが解説し、他の生徒のコメントをもらう。

▶**活用のポイント**

A. テーマの設定

自分達に身近な話題がよい。最初はやさしいテーマから取り組んでみる。たとえば生徒同士の「おたがいインタビュー」の映像版などから始める。その他学校の行事紹介、地域の名物をインタビューによって構成する作品づくり、部活ドキュメント、スライドショー仕立ての卒業アルバム、かんたんなヒーロー物のフィクション作品なども面白い。

「ものモード」に重点をおいたプレゼンテーション

B. 制作上の工夫

(1) テーマの設定

　テーマの設定と情報のしぼりこみが大事だ。録画や録音が容易にできるようになったため、ついつい、たくさんの情報を盛り込んでしまうことが多い。また、映像効果や音声効果などに頼りすぎないようにする。テーマと発表の中身こそが大事であることを、繰り返し指導する。

(2) 絵コンテ （映画やテレビ制作で使われる絵入りの撮影台本）

　絵コンテをつくり、撮影秒数や撮影枚数を事前に決めておく。絵コンテとは左に映像の略画、右に文章が書かれた設計図である。（上に絵、下に文章のスタイルでもよい。）この作業をていねいにおこなわないと、特に動画などでは撮る映像がふくれあがり、その処理が大変になる。

(3) 撮影

　撮影をする場合はアングルや映写する対象を何にするかが、作品を左右する。この際にも、テーマやねらいを明らかにしておくことが必要である。
　機器の操作については、作品を制作する前に学習しておく方がよい。その方が、どんなことができ、どれぐらいの労力が必要かイメージしやすい。撮りなおしが生じないよう、撮影が確実に行われたことをその場で確認しておく。高額な機器もあるが、最近ではスマートフォンやデジカメを使っても行える。むしろ、後の編集作業を考えると、データ量の小さなファイルの方がよい。

(4) 編集

　映像の長さ、場面の順番などを決める。テロップを入れる。効果音、音楽などを入れる。必要に応じて、ナレーションなどを挿入する。編集は録画、映写したもののかなりの多くの部分を取捨選択する作業となる。

(5) 映写

　映像が見られるようなスクリーン、プロジェクターを用意する。機器の扱いについては、事前にチェックを入念におこなっておく。使用するソフトの種類、バージョンによってちがったコンピュータなどでは、動かないこともあるので、実際に使う機器で確認する。
　映写のあとには作成者と観客との感想交流に時間をとろう。

C. 活用上のヒント

- CMやニュースなどの番組を視聴し、その構造をとらえておくと、自分達の作品にも生かせることがある。
- 著作権や肖像権について、事前に学習しておく。楽曲、写真などは公開する場合は通常、使用料が発生する。特に、インターネットなどを通じて配信するときには留意する。

(編集委員会)

[参考文献]
電通「広告小学校」事務局(2011)『広告小学校』(株)宣伝会議

実践 18｜ビデオ作品

先生のCMをつくろう!

1.実践の条件

　この活動は、(公財)国際文化フォーラムが2011年度から2013年度まで沖縄県立向陽高等学校の協力を得て中国語のクラスで実施したカリキュラム開発および実践活動の一環として行ったもので、筆者は、企画・コーディネーターとして関わった。

　「これから高校を選ぶ地元の中学生」に学校をPRするために、先生たちを魅力的に紹介するCMをつくり、学校のホームページで発信する活動を行う。「見る人」を意識し、CMづくりをすることで、「伝えたいことが見る人に伝わる」ためになにが大事なのか、それをつかみとることをねらいにした。

参加者：高校2年生8名(女子6名、男子2名)、教員2名
時間：中国語選択クラスの課外活動(休日2日間)
講師：CMプランナー1名

2.準備作業

(1) グループ決め、取材、材料を集める

　実施3か月前にグループを決めた。二人ずつ4つのグループで、それぞれ1作品をつくる。取材やCMづくりに向けて準備することや配慮すべき点を30分ほどかけてクラスで話し合い、チェックリストにまとめた。「取材する先生を決めてアポをとる」「個人情報や音楽の著作権に気を配る」などの項目があがった。当日までに、放課後などをつかって、グループごとに教師にインタビューをし、写真や使いたい音源のデータなどの材料をそろえておくこととした。生徒は、1年時の情報の授業で、動画編集ソフトwindows movie maker(無料)の基本操作を学んでいる。

「ものモード」に重点をおいたプレゼンテーション

(2) CMづくりのプロセスを体験する

　CMは通常15〜30秒という短い時間でモノ・人が魅力的に伝わるように表現する。そのため、伝えたいことはなにかを明確にし、深く掘りさげる。さらに、掘りさげたテーマを肉づけするさまざまな要素を考え、ことばを選び抜き、ビジュアル素材や文字、音声の使い方を工夫していく。そのプロセスを体験した。

1）プロのつくったCMを見ながら気づいたことを共有

「人」をテーマにしたCM

　「さまざまな分野で働く社員の情熱」を伝える企業CMや余命宣告を受けて終活に励む父を描いたドキュメンタリーの予告映像などを見る。スポーツ大会の翌日で生徒は疲れきっており、「休みの日になんでこんなことをしないといけないのか？」というやや険悪なムードだったクラスの雰囲気がここで一気に変わり、生徒は笑ったり、涙ぐんだりしながら集中して映像を見ている。

言いたいことが明快なCM

　伝えたいことを明快かつシンプルに表現しているCMをいくつか見る。「いちばん伝えたいことはなんだと思うか」「いちばん伝えたいことを伝えるためにどんな工夫をしているか」をワークシートに書き出し、共有する。「言いたいことを一つにしぼる」ことに気づかせ、コンセプトづくりにつなげるステップだ。「アイスが2つに割れることのよさを伝えるために、チャンピオンベルトや人気者の男子などいろんなものが二つに分かれることでハッピーになる様子を見せている」「映像の最後にキャッチコピーを入れている」など多くのコメントが出る。

2）コンセプトとコピーづくり

　「いちばん伝えたいことはなにか」「いちばん伝えたいことが伝わるために、どんなことばをどんな構成で表現したらいいか」を掘りさげて決めていく。いちばん重要なステップだ。テーマやアイディアをしぼりきれなかったり、ぴったりくる表現が浮かばずに沈黙が続いたりするグループや、ユーモアをまじえたアイディアがどんどんでてきて早く進むグループがある。

「ものモード」に重点をおいたプレゼンテーション

①「その先生」の特徴、いいところ、伝えたいことをたくさん書き出す
取材メモを見ながら付箋に書き出していく。作業の途中で、「大切にしていること」「得意なこと」「直したいこと」「苦手なこと」「宝物」「夢や目標」などに着目すると「その人らしさをひろげる」ときの手がかりになると伝える。

②①のなかから言いたいことを一つにしぼる

③「いちばん言いたいこと」を深める
ワークシートの真ん中に「いちばん言いたいこと」を書き、周囲にそれを深めるような要素を書き出す。

④③のワークシートを眺めながら、「つまり先生って、こんな人」を一つの文章にする。きれいな文章にすることより、「こんな人」を的確に表すよう促す。

⑤③の文章をキャッチコピーにする
「短く」「わかりやすく」「読みやすく」「魅力的に」表現することがポイント。

⑥ことば（コピー）の流れをつくる
順番を考えながら5〜7個のコピーをつくり、カット割の表に書きこむ。いちばん最後にキャッチコピー、最後から1〜3番目にその先生の名前を入れる。

3）映像制作

　映像制作はmovie makerを使い、4時間ほどかけて行った。編集に時間と技術が必要とされる動画を素材に使うことは避け、写真とテキストの組み合わせで約30秒のCMを構成する。候補写真を10点ほどにしぼったあと、「見る人にわかりやすく伝わること」を意識しながら、1カットごとの秒数、テキストの分量、文字の大きさ、文字を表示する秒数などを調整していく。制作の途中で、あるカットの方向性について折り合いがつかず、1時間近くねばって結論を出したグループもあった。完成した作品に、音楽を入れ、ムービー形式に書き出す。この作業を2日目の午前中まで行った。

3.発表の場面

　2日目の午後、1時間ほど準備をしたあと、先生や生徒を招いて上映会を行った。暑苦しいまでの熱血教師ぶりを表現した英語の先生のCMでは、パンチのある音楽にのって、「つば」「汗」「チョークの粉」などのキーワードが

「ものモード」に重点をおいたプレゼンテーション

次々に飛び出す。オーバーアクション気味の先生の写真とともに、「ジャパンじゃない！Japaaaaaanだ！！！」などの口癖が赤字でテンポよく現れる。そして、「少しでも英語に興味をもってくれたらそれでいいんです」という先生の想いで締めくくられる。わずか、29秒の作品だ。

　「ぼくには教師になった理由があります」というコピーで始まる理科の先生のCMでは、先生のライフヒストリーが映し出される。家族写真に続いて、「学生時代から理科が好き」「学生時代、友達と自然現象について調べた」「そのときの感動」「達成感」と言葉が重ねられていく。そして、最後に「理科の楽しさ　わかったときの嬉しさを　生徒にも伝えたい」というメッセージ。こちらは41秒の作品。

　映画館のように暗くした部屋で、制作した生徒たちも、観客の生徒や先生も、固唾をのんでスクリーンを見つめている。時折、「あー、○○先生」という声があがったり、笑いがおこったりする。スクリーンに映し出される画質や音のクォリティにこだわって、上映係のスタッフに指示を出しにくる生徒もいた。観客からは「写真の使い方や音楽の使い方が上手」「こんな作品がつくれてすごい」「先生らしさがよく出ている」などのコメントがあり、制作した生徒たちは少し誇らしそうな表情を見せていた。

　後日、授業で中国語版も制作し、日本語版とあわせて学校のホームページに掲載したほか（koyo-h.open.ed.jp/hpcm/miryokuteki.html）、中国語を選択している全学年の生徒が参加する中国語成果発表会でも上映した。こうした映像機器やコンピュータを使った作品は繰り返し、広く伝えていくことができるのが、その特徴でもある。

4.生徒の変容

　CMという身近な媒体をとりあげ、最初にCMを楽しみながら分析してみたことで、「伝えたいことが伝わる」ためにテーマをしぼったり、相手目線で考えてみることの大切さを実感できた。それが、最後まで「伝わる」ことにこだわって作業に取り組むことにつながった。生徒たちは、「本当に伝えたいことだけにしぼることが大切」「どうやったら初めて見る人にも伝わるか考えられるようになった」とふり返っている。

カットの構成に時間がかかったグループの生徒は、「伝えたいことは同じだったが、どう表現するかで意見が違って難しかった。でも、妥協せずに議論して決められたので満足」と語った。CMは、一つひとつのことばや映像（ここでは写真）が作品全体に大きく影響する。だからこそ、つくる側のこだわりを生み、グループ内でのディスカッションを促す側面もあるのだろう。「言いたいことがありすぎてよく混乱する。伝えることを決めて、そこから逆算して表現していく今回の方法はこれからも役に立つ」とさまざまな場面でここで学んだことをいかしていけると感じている生徒もいた。

5.ふり返りの視点

　この活動では、プロのCMプランナーに講師を依頼した。かれらは「伝えたいことの本質を探る」方法と「伝えたいことが伝わる」方法を理論と経験を通して何通りも体得していて、「その先の進め方」をいくつにも枝分かれした樹形図のように描くことができる。複数の道を見すえながらさりげなく出されるヒントやコメントが、生徒にもう一歩深く思考することを促したり、表現にこだわってみることのおもしろさを発見させたりする。今回は、電通が社会貢献活動として実施している「広告小学校」（http://www.dentsu.co.jp/komainu/）の手法を、同社のCMプランナーにアレンジしていただいた。

（室中直美）

解説 19 ガイドツアー

▶ **定義**

博物館や旅行のガイドのように、話し手が、各コーナーにおいて具体物を前にしたり資料を使ったりしながら、ある対象（架空の事物でも可）について紹介する。聞き手はそれらのコーナーをツアーのようにまわっていく。

▶ **ねらい**

話し手はガイドという役割を引き受けることで、より対象に愛着をもち、より責任をもって紹介を行うことができる。聞き手はその場で質問を出しやすく、インタラクティブな発表にすることができる。コーナーや具体物の存在によって臨場感が増す。聞き手は複数のコーナーをまわるので、関連づけの視点をもちやすい。

▶ **手順**

(1) 個人またはグループで、紹介する対象を決める。
(2) その対象についてリサーチし、資料の準備をしたりコーナーのセッティングをしたりする。発表の練習をする。
(3) 聞き手を集めて説明を行う。特徴や見所などを話す。

▶ **活用のポイント**

A. 紹介するもの

・紹介の対象にはさまざまなものが考えられる。場所（国や地域やスポット）、建造物、芸術作品、装置、人物、時代、生き物、食べ物など。

B. 紹介の方法

・ガイド役が聞き手を引き連れて案内するというのでもよいし、ガイド役は各コーナーの定位置にいて聞き手がそれらをまわっていくというのでもよい。
・発表役と聞き役の切り替えに関して、グループの1人が時間交代でガイドとして残り他のメンバーが聞いてまわるというやり方、前半と後半で発表

するグループと聞いてまわるグループとが入れ替わるというやり方などがある。

C. 空間構成
・教室内の配置や備品などを活用して空間構成を行うことで、空間そのものに意味を持たせることができる。
・紹介の際の資料として考えられるのは、実物、模型、標本、写真、フリップボード、ポスター、タブレット端末など。
・本書の「22.もの作り」や「23.フリーズ・フレーム」などと組み合わせることができる。

▶応用
・英語科において。教室内に世界のさまざまな名所の写真を掲示しておく。各自、そのうちの数カ所を選んで、英語で紹介できるように準備する。ガイド役として、数名の聞き手(=ツアー客)を引き連れて、英語で案内してまわる。
・社会科の地理の学習において。グループでさまざまな「日本一」を調べる(日本一雨が多い都市、日本一長いトンネルなど)。複数名でマイムを使ってその対象を表現しているところを、1人がガイド役としてそれがどのように日本一であるのか聞き手に解説する。
・理科の人体の学習において。食べ物が口から摂取されてから排出されるまでのルートを教室内に模式的に作り出す。食道、胃、小腸などの各コーナーにガイド役を設け、摂取された食べ物となってそこを通っていく聞き手に対して、その器官の働きを説明する。
・遠足や修学旅行の事前学習として。訪問予定のスポットをグループごとに分担してリサーチを行い、ガイド役になって紹介する。リサーチで知識を得られるだけでなく、模擬的にガイド役を経験することにより、実際の訪問時の見方や話の聞き方が変わってくる。

(渡辺貴裕＋編集委員会)

> **実践** **19**｜ガイドツアー

「世界の教育」フェア

1.実践の条件

　教職大学院の必修科目「未来の学校教育」において実施。現代社会における学校の役割を多面的に考察できるようになることを目的とした科目。大学院生32名（学部卒院生2年生と1年履修の現職教員院生とがおよそ半数ずつ）が受講。オムニバス形式の科目で、筆者は第6〜10回を担当（各90分）。その5回分の授業にて、ツアーガイドの形式を用いた「世界の教育」フェアに関する一連の取り組みを5週間にわたって行った。

　「世界の教育」フェアというのは、学生がグループに分かれて世界のさまざまな教育についてリサーチを行ったものを、スケッチブックを使ったプレゼン（スケッチブック・プレゼン）にまとめ、各グループごとにブースをかまえて発表し合うというものである。

　活動のねらいは次の2つ。1つは、海外の教育事情に触れることで、所与のものとして捉えがちな日本の学校教育の制度や慣行を相対化し、より幅広い選択肢の中から未来の学校教育について考えられるようになること。もう1つは、スクリーンでの全員に向けての発表といったものとは異なるプレゼンのやり方を体験し、その手法への理解を深めることである。

2.準備作業

　5回分の流れの計画は以下の通り（実際には、筆者の体調不良のため、オランダの教育の紹介は第2回に持ち越しになった）。各回、筆者による説明と学生の作業時間とで構成。リサーチやスケッチブックの作成などは、学生が授業外の時間を使って行っている。

①海外の教育から学ぶことの意義を説明。一例として、筆者自身が視察に行ってきたオランダの教育事情をスライドを使って紹介。「世界の教育」フェ

「ものモード」に重点をおいたプレゼンテーション

アに向けての流れの説明。作業：リサーチ対象の候補を出し合い、自分の希望に応じてグループに分かれる。

②スケッチブック・プレゼンのやり方などの説明。

作業：その国に関して、各自が担当するトピックを決める（例：教員養成、教科書、職業訓練教育、学校外の機関との連携etc.）。

③海外から見た日本の教育という視点で、日本の「授業研究」への注目の高まりや日本の教育を取りあげた海外の報告書を紹介。

作業：グループ内で各自のリサーチの進捗状況の交流。

④作業：グループ内でスケッチブック・プレゼンのリハーサル。本番に向けての準備。

⑤フェア本番。学部卒院生1年生や学内の先生方も招待。

フェア時の交流の仕方とスケッチブック・プレゼンに関してより詳しく説明しておこう。

フェア時、グループごとに机を合わせてブースをつくる。ブースに残る担当者（ガイド役）は原則として1名で時間交代制。その間に他のメンバーは他のブースを見てまわる。ブースにはミニイーゼルが置いてあり、その時のガイド役のスケッチブックが載せてある。聞き手がやってきたらガイド役はそれを使って10分弱のプレゼンを行う。グループの他のメンバーのスケッチブックも机の上に平置きにしてあり、ゲストからの求めがあったときにはそれを使って解説をしなければならない（そのために第4回時にグループ内でプレゼンのリハーサルを行っている）。また、ブースにはその国にゆかりのある物を置いておく。

プレゼンに使うスケッチブックは、八切・リング式のものを推奨した。12〜20枚程度のシートを使用し、めくってプレゼンができるように、プリンタで印刷した紙を貼りつけたり手書きで描き込んだり色紙などで仕掛けを作ったりしておく。その国やトピックに注目する必要性を述べるシートを冒頭部に1枚以上、日本の学校教育と結びつけて考察を述べるシートを終末部に1枚以上入れるものとする。

「ものモード」に重点をおいたプレゼンテーション

3. 発表の場面

　フェアの開催時間は70分。設けられたブースは、フィンランド、イギリス、ドイツ、シュタイナー教育、国際バカロレアなど、計11。各ブース、スケッチブックやテーマに関連した写真や冊子などに加え、サッカーの代表ユニフォーム（ドイツ）、パンにつける名物ペースト（オーストラリア）など、その国の雰囲気を出すものが配置されている。

　フェア開始。ガイド役として残る者以外は自由に移動して、各自興味があるブースを見に行く。ブースに一度に集まるゲストの人数は、多くても4、5名。剥がせる紙片で一部が伏せてあったり、中央に切れ込みがあって対比的にめくることができたりといった、工夫が凝らされたスケッチブックを使っての説明が行われる。

　少人数かつスケッチブックなどの物を介していることも手伝ってか、ガイド役とゲストとの間で、活発なやりとりが行われた。例えば、国際バカロレアのブースでの「日本政府の方針では、国際バカロレアの認定校を2018年までに200校に増やすということで……」「えっ、何年まで？」「2018年」「（その年までに）そんないっぱい無理だよ」というように、説明の途中でも反応が口に出てやりとりが行われたり、フィンランドのブースでの「それだけ教師になるのが難しいんだったら、給料も高いんですか？」という質問のように、率直な疑問が出されたりといったものである。

　ガイド役として案内するという目標に向けて作業を進めてきたことで、各自、対象に愛着をもつようになっていたようである。こちらが指示したわけでもないのに、イギリス・ブースの学生がEnglandロゴのTシャツを来て

案内していたり、ということが起こっていた。活動後の感想では、「調べだすと面白くなって、いろいろ内容が増えて、今度それを10分のプレゼンにおさめるのが大変で…」といった声が出された。

ツアーを行う、つまり、一度にさまざまな国のブースをめぐることの良さも現れていた。たとえば、イギリス・ブースでのサマーヒル学園に焦点を当てたプレゼンに対しては、同じく「自由」がキーワードになっていたシュタイナー教育のプレゼンをすでに聞いていたゲストから、「そこでの『自由』って何？　あんまり自由さが感じられなかったけれど…」と、2つを比べるような質問も発せられ、ディスカッションが起こった。行き先自体、自分はシュタイナー教育について調べていたからその発祥の国であるドイツの教育のブースに行くというように、しばしば関連づけの視点をもって選ばれていたようである。

70分ほどの間に、自分がガイドとしてプレゼンを行ったのが1～3回程度、他のブースを見てまわった数は2～4ヶ所程度だったようである。

4.受講生の変容

受講生には、「フェア参加記」を書いてもらった。これは、フェアで聞いたプレゼンより自分が注目するものを2～3取りあげて、その内容、注目に値する理由、そこから展開される考察などを述べるというものである。日本の現状との比較だけでなく、自分が調べた国と比較しての考察を述べている学生も一定数いた。教育について考える際の基準軸が増え、見方が多面化しているといえるだろう。

5.ふり返りの視点

現職教員院生からは、「学校での研修では目の前の課題に関することがほとんどで、このように海外の事例に触れる機会がないため、視野が広がってよかった」という感想が出ていた。リサーチ対象に愛着をもち、交流時には自分の興味があるブースに行って密度の濃いやりとりができるこうしたやり方は、効果を発揮したと考えられる。一方、ただいろいろなタイプの教育の説明を聞いてまわるだけでは日本での応用方法のイメージがわかないといっ

た感想もあった。応用を性急に求めると、かえって視野を狭める恐れがある。しかし、フェアから得られるものを増やすためにも、より明確な目的や視点をもって「ツアー」ができるような仕掛けや、「ツアー」後の交流の仕方などに、工夫の余地がある。

(渡辺貴裕)

「ものモード」に重点をおいたプレゼンテーション

解説 20 紙芝居

▶定義

物語や出来事、学習内容などをもとにストーリーを作り、それらの特徴的な場面を絵にする。発表者はセリフやナレーション、効果音などを口頭で加えながら、絵を順番に示すことで進行する発表形式。

▶ねらい

ストーリーをつくり、絵を描き、そして口頭発表するなどの活動は生徒たちの創意を生かし、多面的で活気のある活動をつくりだす。グループで取り組むことで、生徒たち一人一人の異なった特徴を生かすことができる。また聞き手にとっては、手作りの絵が持つ親しみやすさと生身の話し手の語りの面白さを楽しむことができる。

▶手順

(1)与えられたテーマに基づき、グループまたは個人でストーリーを作る。
(2)絵に描くべき場面を選ぶ。
(3)2で選んだ場面の絵を描く。
(4)セリフとナレーションを作成する。
(5)練習する。読み方、絵のめくり方を工夫する。
(6)発表する。

▶活用のポイント

A. 課題の設定

・登場人物が飛んだり投げたりと大きな動作をしたり、時間や場所に変化がある物語だと絵を描くのが比較的容易になる。微妙な心理描写を含むものは絵にしにくく、聴衆の解釈も一様にならない可能性がある。例えば芥川龍之介の作品「トロッコ」を例にとり、4枚の絵で表すなら次のようなコマ割りが考えられる。

  (1)8歳の良平がトロッコに対して興味を示している場面
  (2)良平が土工と一緒にうれしそうにトロッコを押している場面

「ものモード」に重点をおいたプレゼンテーション

(3) 良平がだんだん不安になってくる場面

(4) 土工に言われて良平が一人必死に暗い坂道を駆け上る場面

B. 活用の場面
- 幼児に手洗いや歯みがきなどの衛生指導をする際に使う。
- 外国語の学習に使う。語いや文法の知識が不足していても、絵や話し手の声などが助けとなり、物語を理解することができる。
- 大人を対象とした啓蒙活動に使う。悪徳商法や振り込め詐欺の手口や怖さを、比較的やわらかい雰囲気で伝えることができる。話し手にとっても伝えるべきポイントを絞り込む際に知識が整理され、問題の理解が進む。

C. 場面設定
- 絵が見える範囲に聴衆を集める。机が固定されている場合でも、イスだけ持って移動したり、立って見ることも検討する。

D. 発表の工夫
- 絵の枚数は多すぎると準備に時間がかかる。一方、少なすぎると絵の内容と物語が合わなくなる。そのストーリーに合った適度な枚数を決める。
- 絵の出来栄えはさして重要ではないことを事前に生徒に指導しておく。絵の場面の選択や声を出す練習に十分時間をとるようにアドバイスする。
- 絵は大きく描くことを心がける。その際、太い線を使い、絵の具など色がはっきり出るものを使う。色鉛筆やペンは見えにくかったり塗るのに時間がかかるので、避ける方が無難である。
- 棒読みにならないように注意したり、紙をスッと抜いたり、なかなか抜かなかったりして見る人をじらしたりするなど、めくり方にも変化をつけよう。
- 基本的に絵と声だけで行うが、効果音やBGMを部分的に用いることもできる。ただし、発表者が機器の操作にかかりきりになってしまわないように注意する。
- グループで行う場合は、メンバーの適性を生かして役割を決める。絵の上

手な人、声の大きい人、物語作りの上手な人など。どの人にも役割をあげて参加してもらうのが成功のコツだ。

▶発展

・PCプレゼンソフトを使った発表もできる。紙芝居の絵をPC上で作成する。手作り感には欠けるが、プロジェクタと組み合わせやすいので聴衆が大人数の場合に向いている。
・人形劇と組み合わせることもできる。紙芝居の登場人物を人形にして演じる。紙芝居だけとは違い動きが表現できるので見る人の印象が強くなる。
・スキットとの融合　基本的には紙芝居で物語を進行し、時おりスキットを交えることもできる。物語中の特に重要な場面をスキットにすると印象が強まる。

（編集委員会）

[参考文献]
1. 加太こうじ (2004)『紙芝居昭和史』岩波書店
2. 子どもの文化研究所 (編) (2011)『紙芝居―子ども・文化・保育』一声社
3. 川嶋直 (2013)『KP法 シンプルに伝える紙芝居プレゼンテーション』みくに出版

実践 20 紙芝居

紙芝居で考える「悪質商法」

1.実践の条件

　ここで報告するのは、高校2年生の科目「家庭基礎」で、2014年の7月に行った実践である。履修者10名（男子9名・女子1名）。5名ずつの2チームに分かれて、彼らに紙芝居をつくってもらった。準備に4時間、発表と振り返りに1時間をあてた。単元としては「消費者問題」の導入部分にあたる。紙芝居の制作を通して、消費者問題について複合的な学びをつくること、お互いに発表することで他のグループと知恵を共有しあうこと、の2つをねらいとした。

　「家庭基礎」の履修者数は、年によってかなり変動するが、たまたまこの年は、男子の多い少人数授業になった。落ち着いた雰囲気のクラスだが、普段から、グループワークになると活発に意見をだす生徒が多いのが特徴である。

2.準備作業

　1時間目に、「経済生活」の単元の中で扱う消費者トラブルのなかから「悪質商法」を題材にすることを告げた。そして「デート商法」、「霊感商法」、「マルチ商法」など悪質商法が身近にたくさんあることを話した。

　その後、「これらの事例をより深く学んでもらいたい。ついては、グループで紙芝居をつくって、お互いに見合おう」と呼びかけた。教科書と資料集から集めた、約10種類の悪質商法をプリントにして配布し、自分たちの班で扱うものを選んでもらう。イラスト付きの資料なので、紙芝居の絵を描く際の参考にもできる。

　見ている人に悪質商法の手口がわかり、かつ騙されるポイントがわかりやすく盛り込まれるような紙芝居を作る、ということを基本ルールとした。また、枚数が多すぎても情報が伝わりにくくなるということで、絵を10枚以

内におさめることにした。

制作の流れは以下のようである。
(1)悪質商法の種類を選ぶ。
(2)ストーリーを考え、場面割りをする。
(3)絵を描く。
(4)ナレーションの練習をする。

2チームのテーマが、比較的すんなりと「霊感商法」、「デート商法」に決まった。それではここから、「霊感商法」チーム(男子5名)の討論と発表の様子を中心に報告してみよう。

最初に時間をかけたのは、"人はなぜ占いに行くのか"という理由をさぐることである。

「そもそも当人は騙されるつもりでは行かないはずでしょ」

「じゃあ、どんなとき?」

「何かにすがりたいような気持ちのときじゃないかなぁ」

「なんか、うまくいかないことが多く、落ち込んでいる状態が続いて、最近ついてないなぁと思うようなときかな」というようにどんどん会話が進み、結局、若者が占いの館に行くという場面設定からはじめよう、ということになった。

こうした話し合いを重ねるうちに、しだいに「加害者側の心理や騙す手順がわかってきた」と感想を述べるようになった。そして、「相手の気持ちの弱さにつけ込むのが霊感商法、ということは自分が気弱になっている時は特

に気をつけなければいけないということだ」と気づいていった。

　案の定、うまく絵が描けなくて苦労していたが、それは想定内のことである。そこで、用意しておいた色鉛筆やマジックを使い、「画面をカラフルに塗って、雰囲気を出すように工夫したらいいよ」と助言した。

3.発表の場面

　普段から意見を活発に出しあえるクラスだが、いざ前に立って紙芝居をやるとなると、やっぱり恥ずかしさが出るようだ。「霊感商法」チーム（男子5名、女子1名）の発表は、6枚の絵を使ってつぎのように進むんだ。

1枚目：街を歩いている男子大学生の絵（向こうに、占いの館の看板がみえる）

「最近、ついてないから、占いでもしてもらうかな」
と言って、占いの館に入る。
　占い師はいかにも胡散臭そうな声色で客に呼びかけ、被害者はいかにも騙されやすそうな高い声色の持ち主という設定で応答している。

2枚目：水晶玉の絵

　占い師がいよいよ騙しにかかる。効果音係の生徒が、「ダーダン、ダーダン」と口で効果音をつける。
　占い師が、「あなた○○の性格だよね」と占う。すると、ごくあたりまえのことを言っているだけなのに、主人公は「すごいすごい、よくあたっている！」と驚く。
　これは心理学で「バーナム効果」といわれるもの。誰にでも該当するような曖昧で一般的なことを言うだけで、まるでその占いが当たったかのようにみせかける手法だ。生徒たちはこのことを話し合いの中で、発見していた。

3枚目：霊感商法の商品の絵（アクセサリーのようなもの）

「あなたは、非常にだまされやすいので、これを買うと運気がよくなりますよ」という占い師の言葉に、主人公がコロッとだまされる。
霊感グッズを買ったもののいいことはちっとも起きない。それどころか、大学生は霊感商法の無限ループにどんどんはまりこんでいってしまう。
　ところが、発表の最後の場面まできて、突然、ナレーターが「では、どの

ようにすれば被害を防げたのでしょうか」と観客に問題をなげかけた。ここからもう一つのストーリーが展開するという趣向だ。主人公が友だちに相談し、その友人の勧めで警察に行くと、自分が悪質商法に引っかかったのだと知る、というもの。おかげで、主人公は被害に遭わずにすみ、逆に悪徳占い師が警察につかまるという結末だった。生徒たちはこの２つの結末を、「バッド・エンド」と「トゥルー・エンド」と呼んでいる。こうした展開になることを知らなかったので、わたしもビックリした。

　後で聞いてみると、当初は「騙されやすい人はまた騙される」という結末で制作していったのだが、メンバーから「これでは、主人公があまりにかわいそうだよね」という声が上がったのだそうだ。それで、本番直前に「やっぱり救いの場面を作ろう」ということになり、急遽ワン・シーンを加えたのだという。悪質商法の対応策はまだ授業で扱っていない分野である。だから、そこまで求めていなかったのだが、これは予想外の収穫だった。

　一方の「デート商法」チーム（男子４名、女子１名）も、なぜ騙されてしまうのかという背景を掘り下げていくうちに、未然に防ぐにはどうしたらよいかという問題に行きついた。主人公はもてない若い男の子で、なぜか女性の方から声をかけられたものだから、それですっかり舞い上がってしまった、という設定である。

　チームでただ一人の女子が、たまたま演劇部の生徒とあって、このあたりのセリフ回しは独壇場である。

　両チームのメンバーが、お互いの発表を、笑ったりうなずいたりしながら観ている。発表を終えてから、騙されるポイントについて尋ねると、「うまい話はないと思っていても、１対１になってしまうと、自分は特別だし騙されない」と思い込んでしまう傾向があるのではないか、と分析してくれた。

　また、「紙芝居を作りながら、自分はこんなのに騙されないと思っていたが、別のチームの発表を見ているうちに、これが悪質商法だと自分ひとりで気づくのは簡単なことではない、と思えてきた」などの感想もでた。

4.生徒／教師の変容

　当初は、悪質商法の手口の紹介ばかりに目を向けていた生徒たちだが、紙

芝居の制作に取り組む中で、加害者と被害者、両方の心理に注目するようになっていった。そして、「もし自分たちがそういう場面に遭遇したらいったいどう振る舞うべきなのか」というように、自分自身のリアルな課題としてテーマをとらえるようになった。これがグループワークを進めるなかで起こった最大の変化である。

このプロセスに寄り添う中で、「生徒が自分で考える」という方向にむかって、教師としていったいどんな指導・助言ができるのか、その課題を探り続けなければ、と改めて思った。

6.ふり返りの視点

紙芝居制作を通して「複合的な学びをつくる」、「他のグループと知恵を共有しあう」という目標を掲げたが、いくらかはその目標に近づけたように思う。紙芝居という形式は、自分たちが造形した登場人物の気持ちに寄り添って考える機会を与えてくれる。その意味で、生徒の深くて広い学びを誘発する可能性を持つ学習方法だ、とも感じている。

今回は単元の導入部で紙芝居を使ったが、まとめの技法として活用しても、効果があるのではないだろうか。

（小松理津子）

解説 21 人形劇

▶定義
人形（指人形、糸操り人形、ペープサートなど）に語らせる形式でメッセージを伝える。

▶ねらい
人形をつかうことによって、発表者は別人格になって自分を表現することができる。人形の演技を通して見る者は架空の世界に入りやすくなる。また発表に向けストーリーや表現を準備するなかで、発表者は自分の主張の焦点を明確にすることができると同時に、他の複数の視点を伝えることもできる。

▶手順
(1) 発表テーマを把握する。
(2) 登場する人形を決める。
(3) 人形を用意する。
(4) 人形を動かしてみる。
(5) 実際に表現の練習をすることにある程度の時間をかける。
(6) 教室の前で発表する。

▶活用のポイント

A. 場面設定

見る人が、見やすいように馬蹄形やイスだけにするなどの配置を行う。人形をもち、人形に焦点があつまるように見せる。人形舞台をつかって、行う場合は人が見えないように舞台下や舞台上で操作することもあるが、観客の反応は見えづらく、声もとどきにくいので、工夫が必要である。

B. 構成のしかた

・発表のテーマをしっかりと把握すること。プレゼンテーション全体の中で、どの場面で使うかを考える。人形づくりや人形操作だけにこってしまうと、

「ものモード」に重点をおいたプレゼンテーション

プレゼンテーションとしての人形劇からはずれてしまう。
- 人形を使うと、1人で複数の役を演じることもできる。声色をかえたりしながら、対立場面や多角的なものの見方を伝えることができる。
- 人形は既製のものや何か「もの」を見立ててもかまわない。ただ、人形を作るとテーマやストーリーにあったものができる。
- 発表者相互や観客が人形を使い、即興でセリフを言う方法もある。その場合にはその人形の人物像（性格や行動のパターン等）を共有しておくことが必要。

C. 活用の場面
- 文学などを人形劇にする。
- 人形を使って、けんかなどの葛藤場面を演じ、解決方法を子どもたちに提案してもらう。
- 保健、理科の場面でウイルスと白血球がたたかうなどの仕組みをわかりやすく説明する、など。

D. 人形の作成、操作
　人形には、ペープサート、指人形、軍手人形、もの（コップ等）に目鼻のシールをつけたもの、影絵など、簡易にできるものがある。糸繰り人形等の手足も動く人形は操作の習熟に時間が必要である。

▶発展

　複数の人形の掛け合い、人形と人間の対話、発表者が指人形を使うなど、いろいろなバリエーションを活用する。例えば、人形と先生が会話することから始めて、次第に生徒たちを巻き込み、最終的に生徒同士がやりとりをする人形劇へ抵抗なく移行することができる。

（編集委員会）

[参考文献]
丹下進（1996）『人形劇をつくる（シリーズ 子どもとつくる）』大月書店

実践 **21｜人形劇**

こんたろう、このあとどうする?

1.実践の条件

　私の担任しているクラスは小学校1年生、21人。男の子12人、女の子9人である。子どもたちは比較的落ち着きがあり、私の話を良く聞くことができる。また、思いついたからといってすぐ言動に移すことは少なく、質問に対して正解だと自信を持ったときに、やっと発言できる子が多い。

　子どもたちの多くは、自分の意見をみんなの前で表現することに恥ずかしさを感じたり、ためらいを持ったりしている。なかには、友だちに対して強い言葉遣いをしたり、友だちとの会話が少なかったりする子もいる。

　そんな子どもたちに、道徳の内容「礼儀」についての授業をおこなった。『いなりやまのこんたろう』(文溪堂)を教材に使うが、子どもたちは、この教材文を読んでいない。教師によるペープサート(紙人形)で、つぎのようなお話を語っていく。

第1場面：いなりやまに住んでいる、きつねのこんたろうは、もぐらくんから「おはよう」、うさぎさんから「こんにちは」、ふくろうさんが「こんばんは」と声をかけても、いつでも知らんぷり。
第2場面：今日は、いなりやまの大運動会。動物たちは運動場に集まって、みんな「おはよう」と声をかけあって楽しそう。でもこんたろうにはだれも声をかけてくれません。
最終場面：のねずみさんが、こんたろうに声をかけました。

2.準備作業

　子どもたちに物語をとらえさせるために、登場人物(こんたろう・もぐら・うさぎ・ふくろう・のねずみ)のペープサートを予め用意する。また、こんたろうについては、第1場面ではあいさつされても知らんぷりの顔を、第2場面で

「ものモード」に重点をおいたプレゼンテーション

は悲しそうな顔を、最終場面では少し驚いた顔をというように、3つのペープサートを用意した。それによって、場面ごとに変わるこんたろうの心情を、子どもたちが読みとる手立てをつくった。

第2場面で動物たちが集まって楽しそうに大運動会をしているところは、教材の挿絵を拡大しておき黒板に提示できるようにした。

3.発表の場面

（1）教師の発表

本番では、ペープサートを使って、教師が物語の流れを提示する。

第1場面。教師がペープサートを動かしながら、こんたろうともぐら、こんたろうとうさぎ、こんたろうとふくろうの順番に、せりふを語っていく。出番を終えたそれぞれの登場人物は、黒板に貼っていった。

第1場面を終え、「こんたろうはどうしてあいさつをしないのかな」と子どもたちに聞いた。また、「普段あいさつをしない自分の気持ちを考えてみようか。」と問いかけた。すぐさま手を挙げて発言したのはしょうた（仮名）である。しょうたは、「こんたろうは、『言いたくない』と思った」と言う。

しょうたは、普段から強い言葉遣いをする子で、周りの子どもたちと同じ行動を取ることが苦手である。落ち着いて教師の話を聞くことができなかったり、きまりを守らない行動を取ったりする。そのため、他の児童との間に少し溝ができている。

しょうたの発言に続けて、ほかの子から「面倒くさい」「恥ずかしい」「言いたくない。したくない」「なんで言わなくちゃいけないんだ」といった意見がでた。

第2場面。楽しそうな運動会風景の拡大コピーを黒板にはり、そこに悲しそうな顔をしたこんたろうのペープサートを出す。
「こんたろうにはだれも声をかけてくれません。あいさつされないこんたろうは、どんなことを思ったかな」というと、

しょうたは「みんなにあいさつされなくてかなしいな」と発言した。そして、ほかの子たちも、「つらいな」「自分からあいさつしたいけど……」「あい

さつされないなら、来るひつようなかったな」「ぼくも、みんなの中に入りたいな」とこんたろうに同化して答えてくれる。その発言を聞いて、しょうたは「ぼくも、みんなの中に入りたいな」と発言をしたのだ。

(2) 子どもたちの発表
　いよいよ最終場面。ここから、子どもたちに発表に参加してもらう。私は、のねずみとこんたろうのペープサートを持ち、のねずみ役になって、こんたろうに語りかける。
「おはよう。きょうはなににでるの。ぼくは、玉入れだよ」
そして、「このあとどんな話が続いたかな」と投げかけた。
　2～3分考える時間を取り、子どもたちにのねずみ役とこんたろう役になってもらい、どんな会話をするのか、人形劇をつくってもらう。思いついた人から発表することにしたら、ぜんぶで7つの発表が出された。
　しょうたが誰よりも早く手を挙げた。彼はのねずみ役だ。フロアから「かわいい！」という言葉がもれる。しょうたにかける目が、いつもと変わっている。人形がもつ力なのか、クラスの子どもたちが、のねずみとしてのしょうたに「かわいい」と、思わず声をかけたのだ。

　のねずみ（しょうた）：おはよう。
　こんたろう（他の児童）：おはよう。
　のねずみ（しょうた）：ぼく　たまいれだよ。きみは。
　こんたろう（他の児童）：ぼくもだよ。
　のねずみ（しょうた）：きみはどうしてみんなからあいさつされないの。

　のねずみのしょうたから、こんたろうに「おはよう」と声をかける。それに対して、こんたろうになった子が「おはよう」と返事をする。普段ならしょうたのあいさつに返事をしない子があいさつをするという、あまり見られない光景が人形を介して見られた。
　しょうたの発するのねずみの言葉は、いつもの語尾が強くなるような言葉ではなかった。語尾に「の」と付けて、やわらかな言葉を使っていた。それ

「ものモード」に重点をおいたプレゼンテーション

に対して、相手役のこんたろうも自然と笑顔になっていた。

その後も、発表が続き、最後に、「あいさつされると笑顔になれる」などの子どもたちの感想を交流して終わった。

5.児童／教師の変容

この実践をとおして、しょうたはどう変わったのだろう。

第2場面で、しょうたは、こんたろうの心情を「みんなにあいさつされなくてかなしいな」という感情から、「ぼくもみんなの中にはいりたいな」という願いまでを読み取っていた。それが最終場面での「どうしてあいさつされないの」といった言葉とつながったのだろう。

この言葉は、現実の場面で、しょうたが「おはよう」と友だちに話しかけても、「おはよう」と言ってもらえないことがあるからこそ、自分自身に「どうしてあいさつされないの」と問いかける言葉でもあった。しょうたの普段の悲しさをとらえることができる。

そうすると、第1場面での彼の発言、「こんたろうは、『言いたくない』と思った」が、それはこんたろうと同化した自分自身の心情を話したものだととらえられる。これら一連の発言は、しょうた一人の「読み」ではなく、人形劇を見ながら、クラスのみんなが語ったことに触発されて、しょうたがたどりついたものではないだろうか。人形が彼の正直な気持ちを引きだしたのだ。

しょうたに、発表する中での変容が見られたが、または、授業で全く発表しなかった子どもにも変化が見られた。私は授業の後、このペープサートを子どもの手の届く場所においておいた。すると、あまり教室の中で声を出すことができていなかった子が、休み時間にペープサートを触り、他の児童と話をしながら遊ぶようになった。

この活動を通じて、私自身もしょうたを見る目が少し変わった。彼の行動の背景にある心の悲しみ、いつもなら言い出せないもどかしさを私が感じとれるようになったのだ。それで、目に見える行動を叱るのではなく、良い行動に移せるような手立てを考えて支援したい、と心がけるようになった。

6.ふり返りの視点

　初めて取り組む教材に、あえて人形劇を入れてみた。ほんの短い準備で子どもたちに発表してもらったので、即興性の高い発表となっている。ただ、そのことで、子どもの日常生活の中にある願いが、無意識に表されていった面もある。

　人形劇が、発表した子どもだけでなく発表を見ている子どもたちの想像力をも膨らませ、彼らの言葉を生み出している。そこに人形劇の大きな魅力を感じた。

（小菅望美）

解説 22 | もの作り（オブジェ、展示空間など）

▶ 定義

物理的なものを再構成することで作り手の意図を伝えようとする表現形式。

▶ ねらい

もの作りは作り手に創作の過程そのものを楽しませる。ものを作ることで気づきを与えたり、理解を深めたりさせる。また創作したものを展示することで、見る人に作者の意図や主張を伝えることができる。

▶ 手順

(1) テーマを決める。
(2) モチーフを形にする方法を決める。
(3) ものを作成する。
(4) 完成したものを展示し、鑑賞し合う。

▶ 活用のポイント

A. テーマ設定

授業、学級、活動、学校行事などいろいろな場面でテーマを立てられる。また、個人でもグループでも取り組める。

B. 活用の場面の例

（1）授業でのもの作り

・恐竜の粘土模型をつくる。
・くさび形文字を刻んだ粘土板をつくる。
・歴史的な服装を再現したり、合戦の様子を模したジオラマをつくる。

（2）学級活動での壁面装飾

多くの学級で、新学期には学級目標を書いたポスターなどが作られている。また、大きな行事の前には、学級の団結を高めるような呼びかけポス

ターづくりもおこなわれる。さらに日常的に学級に装飾係を置いて、折りにふれポスターや切り絵などで教室を飾っている実践もある。

(3) 文化祭での巨大オブジェ制作

- 空き缶1.5万個でできた「赤富士」：拾ってきた空き缶を色ごとに分類し、ひもを通していく。これを校舎の屋上より吊るす。
- 竪穴式住居：文献調査や実地調査の後、木や竹、茅などの材料を集める。はじめは教室内で骨組みを作り、のちに外へ移動させる。生徒が当時の服装で火おこしや弓矢、古代食の体験コーナーなどを受け持つ。
- 500人の手形で作った竜の絵：緑色の絵の具で手形を取り、竜のウロコとする。手形は制作担当の生徒だけでなく、教員や通りがかりの上級生などにも依頼する。協力してもらいやすいようにその場で手洗いできるように石鹸水などを準備。完成した竜は教室の壁一面に相当する大きさになる。

実際にモノを作る時間が取れないとき、あるいは発想の豊かさに重点を置きたいときは、計画のみを発表することもできる。本書の今回の実践例はこの形式を用いている。

(編集委員会)

[参考文献]
1. 高文研(編)(1988)『続文化祭企画読本』高文研
2. 冨田麻理(1990)「疑問を自分でしらべ、ふかく学ぶー立体的・時事体験的な社会科の授業とは」『海外帰国生』渡部淳編　太郎次郎社　30頁〜59頁

実践　22｜もの作り

オーストラリア発・
お弁当をデザインしよう!

1.実践の条件

　ここで報告するのは、西オーストラリア州教育省がおこなった日本語学習者のための一日体験プログラムである。当日は、キンバリー地区ブルーム市の小学生60名が5、6人のチームで創作弁当のメニューをつくり、それをポスターに描いてお互いの作品を日本語でアピールしあった。プログラムの目的は、生徒に日本語を使う環境と文脈を与えることにある。

　この日参加したのは、公立のブルーム小学校の5-7年生20名と私立セント・メアリーズカレッジの5-6年生40名。会場は、セント・メアリーズカレッジに隣接する大学の多目的ホールを借りた。100名規模で活動できるゆったりしたスペースである。

　ブルーム小学校の子どもたちはスクールバスで、セント・メアリーズカレッジの子どもたちは徒歩で、それぞれ会場にやってきた。これから日本語を学ぶ子どもたちが大部分で、3割ぐらいはひらがなが読めるレベル、お弁当についての知識はほとんどない。プログラムのファシリテーターは4人。私は全体のコーディネーター役である。

2.準備作業

　午前9時半にスタート。正味4時間半のプログラムを、大きく前半と後半に分けた。前半が、「ウォーミングアップ⇒グルーピング⇒日本語の表現練習⇒おやつタイム⇒(クイズや映像、実物を活用した)お弁当の紹介」などと続く。後半は、「創作弁当(「広島だいすき弁当」)を使ったガイダンス⇒創作弁当のデザインおよびポスターづくり⇒発表本番⇒振り返り」である。

　プログラムをスムーズに進行するために、色々な工夫をしている。ひとつは子どもたちがテーマをしっかりイメージできるようにするための工夫だ。

「ものモード」に重点をおいたプレゼンテーション

具体的には、スタッフが作ってきたお弁当の実物、また弁当箱、箸、ふろしきなどの関連グッズ、さらには創作弁当の写真などを、手にとって見られるように展示した。またお互いが協力して学べるように、異なる学校の生徒同士の混成チームを作った。

　基本語彙を紹介するだけでなく、お弁当とランチボックスのイメージの違いについて話し合ってもらう時間もとった。

　この日は、「日本のお弁当は、カラフルだ。食べ物の種類も多く、見た目を工夫している」などの意見が出た。オーストラリアでは、買ってきたままのリンゴやヨーグルトを、そのままランチボックスに入れることが多いからだ。

　このプログラムの一番の工夫は、演劇的手法をふんだんに取り入れていることだ。例えば、弁当を作る母親が登場する日本のテレビCMを見せたあと、男性スタッフが母親の扮装で登場し、弁当の基本を伝授する場面をおいている。

　さて、いよいよプロジェクトが佳境に入ってくる。中心となるアクティビティの説明である。「これからやることは、自分の家族のオリジナル弁当を考えて、みんなに紹介することです。皆さんは、おじいさんやおばあさん、お父さんやお母さん、子どもたちなどの役になって相談し、素敵なお弁当を考えましょう。お弁当の中身には家族の好きなものを一種類ずつ、栄養バランスよく入れるようにしてくださいね」と話す。

　もともと好奇心旺盛な子どもたちである。ゲームを楽しんだりしているうちにどんどん雰囲気がほぐれてきていたから、「おじいさん」「おばあさん」などの役割をどんどん話し合って決めていく。

　お弁当のアイディア作りに10分、ポスターづくりに30分あてる。それぞれの机に、ポスター用紙、カラーマーカーのセット、「家族」の情報や弁当の材料などを記入するエントリーシートを配る。多様な食材の写真が入った「語彙シート(日英併記)」を準備したので、それも参考にしながら、ポスターをつくる。わいわい言いながら、熱中してつくっているうちに30分経過した。

　作業は順調に進んだ。作品がでそろったころで、プレゼンのためのガイダ

「ものモード」に重点をおいたプレゼンテーション

ンスが始まる。このガイダンスも演劇的におこなう。最初は悪い例をわれわれが演じてみせる。せっかくお客様がきているのに、発表者が携帯をみていたり、おしゃべりに夢中だったり、ポケットに手を突っ込んでいたり、声が小さくもじもじしていたりしているシーンである。4人の引率教師にも協力してもらうので生徒は大喜びだ。次は、生徒たちからアイディアをもらって、改善例を演じる。これで生徒たちは、役に立つ声かけの仕方、ボディーランゲージの活用を確認する。

3.発表の場面

エキスポの時間は30分。最初の10分がリハーサルである。まわってみると、とっても魅力的なデザインのお弁当ポスターがうみ出されている。魚の形の弁当箱に、花のかたちにカットしたゆで卵、トマト、マグロなどが入ったもの、また花びらの形の弁当箱に、蟹、マンゴー、ブロッコリー、トマト、などが入った豪華版もある。

 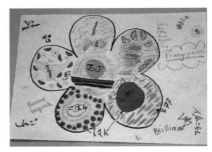

次の20分が本番だ。教師の「エキスポ、オープン！」のかけ声で、いよいよ本番が開幕。前半の10分は、われわれスタッフ、引率教師が審査員役になって会場を巡回した。11チームが大声で、客を呼び込もうとするからじつに活気がある。ジェスチャー付きで「おいしい、おいしい、おいしい」と連呼するチームもある。訪問して、これはいいお弁当だとおもったら、来訪者がポスターにサインを残すことにしている。どのチームもサインがほしいから必死である。

「いらっしゃいませ」、「こんにちは」、「おいしいですか」、「はい、おいしいです」、「これはなんですか」、「トマトです」、「なにがすきですか」、「卵が

すきです」など、リハーサルで受け答えの練習をしているので、たどたどしいながら日本語の応答もバッチリ。

　後半10分は生徒が審査員役になる。最初の5分で、チームの半分の生徒が、他の半分のブースを回る。5分で交替して、残りの半分の生徒がブースを回る。中には審査員になりきってコメントをする生徒も。見学にきた父母もエキスポの一般客として参加し、エキスポ会場を盛り上げてくれた。あっという間に終了の時間になった。

4.生徒／教師の変容

　子どもたちが残したコメントから、彼らが日本のお弁当に親しみをもち、お弁当のメニューをデザインしたり、それをポスターに仕上げたり、さらにエキスポで発表したりするこのプログラムをとても楽しんでくれたことが分かる。

　参加した現地校の日本語教師たちは、お弁当エキスポを通じて、普段の授業では気がつかなかった生徒の個性や関心、得意分野や能力を発見したと述べている。

5.ふり返りの視点

　冒頭に、このプログラムの目的は「生徒に日本語を使う環境と文脈を与えることにある」と述べた。そのねらいは十分に達成されたと考えている。

　がやがやした空間で人が自由に歩きまわる"エキスポ"という形式についてだが、この形式にすることで、慣れない言語を話すという子どもたちのプレッシャーがぐんと低くなる。それで、多くの教師・生徒に支持されてきた。

今回のような経験を重ねるたびに、モノをつくって発表するエキスポの形式をもっと広めていきたい、と決意を新たにする。
　"お弁当"というテーマについてだが、日本の弁当文化は、家族の愛情、食文化、食育、衛生、地産地消、地理、環境、美意識、もの作りといったような、多くの分野とかかわりを持っている。その意味で、内容重視の外国語学習の探求にふさわしいテーマだと考えている。
　ちなみに、私が西オーストラリア州教育省の教育アドバイザーの仕事をするようになって8年が経つ。これまで各地でこのお弁当プロジェクトをやってきたが、カフェで料理人をしていた私の夫が、お弁当のサンプルを用意するなどしていつも支えてくれている。私事になるが、そのこともご報告させていただきたいと思う。

（藤光由子）

＊なお、弁当文化の理解のためのキー・リソースとして活用したのは国際文化フォーラムの「くりっくにっぽん」の下記コンテンツである。http://www.tjf.or.jp/clicknippon/ja/archive/docs/TB28_E.pdf
また、ここで採用した「エキスポ」という発表形式は、本書「実践19　ガイドツアー」と親近性があり、発表技法として一つのジャンルを形成するものである。

「ものモード」に重点をおいたプレゼンテーション

コラム3 話し方のヒント

話を分かりやすくするためのヒントを紹介しよう。大事なのは聞いている人の立場に立つことだ。

話は3部構成を基本にしよう

　話す前の準備が大事だ。話は「はじめ」(導入)、「なか」(展開・主張)、「おわり」(まとめ)の3部構成にするとよい。「はじめ」で聞く人を引きつける。「なか」で自分の主張をする。「おわり」で印象的にしめくくる。そのためにまずスピーチの骨子を作る、そしてスピーチ全文を書いてみる、そして読みながら補ったり削ったりして全体を整えていく。

全体見取り図を最初に話す

　話のはじめには、これから話すことの目的や概略を話すとよい。聴衆はどのような話がこれからされるのかを予測しつつ聞くことができる。

一文を短く言う。要点をまず言い、理由はあとにつける

　簡潔に言おう。一つの文にあれもこれもと盛り込まない。そして大事なことをまず話し、理由や状況はあとにする。たとえば「私はこう思います。その理由は…。」

話の要所要所で「予告⇒本題」の順番を心がける

　「これから、3つのポイントを話します。第1に……」と前振りをしてから話を進める。

接続語で文と文をつなぐ

　「だから・すると・そこで」などの順接、「でも・だけど・しかし」などの逆接、「つまり・要するに」などの「まとめ」ことば、などさまざまな働きをする接続語を使って、話がどのように展開しているのか、聞く人を導くようにする。

「話し言葉モード」で話す

　「書き言葉モード」では聞く人に分かりにくい場合がある。むずかしい言葉は「話し言葉モード」に変換すると理解されやすい。たとえば、「概括すると以下のようになる」は「おおまかにまとめると、つぎのようになります」。

ポイントは3つにしぼるとよい

　物事の理由をあげるときなど、いくつもの理由が考えられる際、主な理由を3つにしぼると聞く人に理解されやすい。もちろん場面に応じて2つでも4つでもかまわないが、3つというのは多すぎることも少なすぎることもない程

の良い数字だ。
自分の体験を語る　ユーモアをまじえる
　自分の体験を話すと、話が具体的で分かりやすくなる。また、体験を語ることで話し手に対する親近感を強めるとともに、話し手がなぜこういう主張をするかについて、理解を得られやすくする効果がある。品の良いユーモアのセンスも、魅力的なスピーチには大切な要素である。

次に、発表の際の音声についてのヒントを紹介しよう。

声の大きさ
　音量は会場の広さ、聴衆の人数によって調節する。全員に届く声を心がける。声が大きすぎるとかえって聴衆を疲れさせる。全体的に落ち着いた声で話すようにしよう。導入時はやや小さな声で、ヤマ場や大切なことを語る場面ではやや大きな声で語る、などの表情をつけよう。
話す速度
　緊張すると、どうしても早口になりやすいので注意しよう。話す速さの目安は1分あたり300～350字程度がよいと言われる。話のはじめはゆっくり、佳境にかかるとやや速くなるのが普通。マイクを使う時や年配の聴衆が多いときは、ややゆっくりと話すようにする。
「間」のとり方
　発表の途中にうまく「間」をとることで、聞く人にとって理解しやすい話になる。また「間」を入れることで、聴衆に考える時間を与えたり、その部分を強く印象づけることもできる。たとえば　問いを発してすぐに答えを言わず、しばらく「じらして」からようやく答えを言う、という方法もよく使われる。
その他
　話しの初めに「ええと」とか「あのー」などの余分なことばを繰り返さないようにする。

（初海　茂）

［参考文献］
1. 生越嘉治（2003）『意見発表トレーニング』あすなろ書房
2. 西野浩輝（2008）『仕事ができる人の黄金のスピーチの技術』東洋経済新報社
3. 佐々木繁範（2012）『スピーチの教科書』ダイヤモンド社

コラム4 聞き方のヒント

話し方にヒントがあるように、聞き方にもヒントがある。

良い聞き手になろう

「プレゼンテーションがうまくいくかどうか、その責任の半分は聞き手の側にある」と言われる。充実した発表がおこなわれるためには、それを受け止める聴衆の態度が大事である。

聴衆は話し手をしっかり見る、ノートやメモをとる、うなずく、驚く、笑う、拍手するなど発表に対し協力的に反応しよう。

協力的に発表を聞くことが大事であるが、一方、批判的に発表を聞くことも大切である。①序論と本論、結論に一貫性があるか、②提示された主張の根拠は信頼できるものであるか、③発表された内容にはどのような意味や価値があるか、などを考えながら聞くようにしよう。

質問をする勇気をもとう

質問は、話し手に対する一番のお礼だ。プレゼンは質疑応答まで含んでプレゼンである。質問がたくさん出てこそ、発表の理解が深まることになる。聴衆はプレゼンを聞きながら質問を用意しよう。

良い質問とは、発表者と聴衆の両方により深い理解や新たな気づきを与えるような質問である。

質問する勇気はとても大切だ。自分のために、そして聴く人皆のために積極的に質問や発言しよう。何を質問するかを意識しながらプレゼンを聞くようにするとよい。ただ、質問にあたっての心構えもある。一人であまりいくつもの質問をしないこと、簡潔に要を得た質問をするようにすることなどを心がけよう。

発表者にとっても聴衆にとっても、なかなか質問が出ないのは気まずいものだ。そんなときは発表者または全体司会者が、聴衆が手を挙げればよい形式の質問をいくつか用意しておき、手を挙げてもらうだけで場が和んでくる。さらに聴衆に少人数でグループになってもらい、数分間感想や質問を出し合う時間をとる。グループ内でいくつか出てきたら、それを代表者が発表する形をとるとよい。

フィードバックシートを活用しよう

プレゼンテーションの後でフィードバック・シートに記入してもらうことは、

発表者にとっても、参加者にとってもふり返りの良いきっかけになる。松本／河野（2007）は次のようなフィードバック・シートを提案している 。記入項目は、
　①プレゼンの要点
　②納得できた点
　③あまり納得できなかった点
　④プレゼン技法で見習いたいと思った点
　⑤プレゼン技法で改善した方がよいと思った点
　⑥質問
　⑦その他の感想
　以上である。このようなフィードバック・シートを書いた後で、さらにグループ討議をおこなうという方法もある。

（初海　茂）

[参考文献]
松本茂／河野哲也（2007）『大学生のための読む・書く・プレゼン・ディベート』122頁～125頁

解説 23 | フリーズ・フレーム

▶定義
グループで、ある場面の「静止画」を身体で表現する。静止画は1枚でもよいし、数枚の場面を作って表現してもよい。

▶ねらい
特定の状況を、静止した状態だけで表現することによって、場面を切り取ったり、象徴的に表現したり、絵画的に構成したりできる。また、動きがないため、演技力を問わずに誰でも発表することが可能である。

▶手順
(1) 教師はテーマを決める。
(2) シーンの数も指定する。
(3) グループでどう表現するか話し合う。
(4) それぞれの姿勢を決め、リハーサルをおこなう。
(5) 発表。おたがいに鑑賞する。

▶活用のポイント

A. テーマ設定
(1) 最初は、具体的なもの、みんなが共通に知っているものからはじめるとやりやすい。
　　例：サッカーのゴールシーン、満員電車
(2) 話の中のワンシーンを選び取る。変化や変化にいたる大切な場面を切り取るとその作品の解釈にもつながる。そのシーンを数枚の組写真にすることによって、ストーリーも表現できる。
　　例：「かさこじぞう」のおじいさんが、おじぞうさんにかさをかぶせるシーン。白雪姫が毒リンゴを食べるシーン。
(3) 絵画や写真をみて、それを細部まで表現する。
　　例：ダヴィンチの「最後の晩餐」を再現する。
(4) ものなどになってみることも表現の幅を広げる。

例：聖徳太子が建てた法隆寺の伽藍配置を再現する。

B. 発表の工夫

・ステージを、横の広がり、奥行き、高低さなどを考え効果的に使う。
・人物だけではなく、見立てをし、ものになることもできる。
・場面の切り取りが重要。あっと驚くようなシーンはインパクトを与える。
・複数枚のフレームを作るときは、シーンごとの切り替え・移動をサッとおこなうと見栄えがよい。
・登場人物（あるいはもの）に、1人1人、インタビューをしていく方法もある。（「スポットライト」）この際には、身体的表現であることを大事にするため、あまり説明的にならないような問いを工夫する。例えば、「何をしてるんですか、一言」「今の気持ちを叫んで下さい」など。
・すべてのグループが発表し終わったあとで、もう一度見てみたいグループを投票で選び再演してもらうと、さらに楽しみが増す。

▶発展

・即興的に行う。その際には、テーマに対する各自の解釈が現れる。そうやって、できあがったものに、観客といっしょに名前を付けたり、解釈をしていくことによって、テーマを深めることができる。
・様々な他の技法と組み合わせる。例えば、ニュース・ショーや朗読の途中に、フリーズ・フレームを差し挟んでいくことができる。

(仙石桂子＋編集委員会)

[参考文献]
1. 渡部淳＋獲得型教育研究会編 (2010)『学びを変えるドラマの手法』旬報社　17頁〜34頁
2. 渡部淳＋獲得型教育研究会編 (2014)『教育におけるドラマ技法の探究』37頁
3. 授業づくりネットワーク編集委員会編 (2011)『アクティビティで授業は上達する』学事出版

実践 23｜フリーズ・フレーム

一年をふり返るクイズをつくろう!

1.実践の条件

　小学校1年生・22名(男11名、女11名)での実践である。4月から、短いスピーチを行ったり、ウォーミングアップ・アクティビティをやったりしているうちに、仲のいいクラスになった。のりもいい。しかし、前に出て発表となると、恥ずかしがってしまう子たちもいる。2学期も押し詰まった保護者懇談会にむけて、フリーズ・フレームを使ったクイズの制作を企画した。入学してこのかた、どんなことが子どもたちの思い出に残っているのか、それをお家の人たちに知ってもらおう、というのである。
「総合」の時間の2時間(各40分)を使って制作し、懇談会会場で保護者にむけて、15分ほど発表した。

2.準備作業

　「入学してから、今までに、どんなことができるようになった？どんなことをおぼえている？」と子どもたちに問いかけた。「字が書けるようになった」「パートナーと『がっこうたんけん』をした」「入学式」「計算がうまくなった」「お弁当食べた」「カタカナ検定で合格できないで泣いた」「どろけい」「自然広場の池におちた」など次々に、出てきた。なんと、ホワイトボードいっぱい65個の思い出。

　「この中から、5つだけ選んで、『写真』にして、お母さんたちにクイズを出すよ」と誘いかける。子どもたちは、これまでに、「漢字を3人で絵にする」「詩をからだで写真にする」「物語の大事なところをからだで『挿絵にする』」といった形で、フリーズ・フレームを経験しており、技法についてはなじみがある。すぐに、「いいよ」と気軽な返事が返ってきた。

　まずは、しぼりこむ。複数個選んで、だんだん、少なくしていく。それぞ

「身体モード」に重点をおいたプレゼンテーション

175

れに、思い入れがあり、候補から落ちていくと「あーあ」とため息がでる。結局、選ばれたのは「コマ回し」「プール」「サッカー」「読書」「大根抜き」（クラスで人気№1のゲーム）の5つだった。

　子どもたちが選んだ理由は、思い出深いというのもあるが、「写真にしやすそう」とか、逆に、「これだったらお母さんたちが答えられないかも」といったクイズを意識した意見などから選ばれたものもある。このテーマを出すまでで、1時間の授業を使った。

　翌日、自分がやりたいものを選んで、グループに分かれる。次点だった、「ハロウィン」と「カタカナ検定」も時間があったらやるよといって残しておいた。

　フリーズ・フレームの経験から、人間がものになってもいいということはわかっている。これまでは、実際のものを使ってもよかったが、今回は、それだとすぐにわかってしまうので、体だけで表現することとした。また、3枚までつくっていいよと組写真もありにした。少し、ハードルがあがった。

　「顔の表情やどっちから見るかも、考えてね」とアドバイスをする。すぐに、話し合いがはじまり、実際に動き出す。5分とかからない。1枚つくったチームは2枚目の練習をしている。

　コマをえらんだのは、りょうたろうとこうじ。二人は私のところへ来て、デジカメでとってくれという。「どうしたの？」と聞くと、コマ回しのフォームをチェックしたいのだそうだ。デジカメでとると、それをみながら、コマを投げる瞬間の研究をしている。しばらくすると、コマひもをまくシーンを演じている。

　30分ほど、たったところで、子どもたち同士で見せ合う。コマチームには、「ひもで巻くシーンの方がわかりづらいから、そっちを先にした方がいい」という意見や「それだと、コマはひもを巻いてからやるから、わかりやすくなってしまう」といった、見る側がどう思うかということを考えた発言が出される。コマチームは、「考えてみる」といって、その場をひきとった。

　プールチームは、一人をスタート台に見立て、プールの様子を表現した。読書チームは、いすにすわって読書をしたり、何の本と聞いている様子を、ほんとうの写真のように切り取ったのだが、みんなから「満員電車みたい」

と言われた。しかし、このグループは「くふうしたところは、わたしたちが、すわるとこをまんいんでんしゃにみせたかった」と、逆転の発想をし、問題の難易度をあげた。

この日の様子をみこさんは、「はじめはみんなのをみていたけど、やるとけっこうたのしいんだなー、とおもったよ」と書いている。

3.発表の場面

いよいよ、発表の日が来た。保護者に、席についてもらい、4人グループを組んでもらう。それぞれのグループには小さなホワイトボードがあり、解答をかけるようにしている。

子どもたちは、発表の順にもこだわった。だんだん、分かりやすいものから、分かりにくいものになるようにするのだそうだ。

最初に、コマグループが発表する。「シーン1!」みんなが叫ぶと、気をつけの姿勢から、フリーズ・フレームにうつる。ただし、先行動作があると、すぐにばれるので、いっきに、写真のポーズにうつるというのが、子どもたちの作戦だ。

コマグループは、コマを投げる方を先にした。お母さんたちが「あーあ!」と声をもらすが、「シーン2!」コマを巻くシーンが演じられ、お母さんたちが首をひねる。子どもたちはやったという表情だ。だが、さすがお母さんたち、全グループ正解。

2番目のサッカーグループは、3枚の組写真。
「シーン1」スライディングで足をひっかけられ、たおれているしゅうじ。
「シーン2」ペナルティ・キック。さっき、足をひっかけた役のあきおがキーパーのけんたろうに声援をおくっているシーン。
「シーン3」ゴールがきまり、うれしがるしゅうじ、がっくりするあきおとけんたろう。見事な対比の絵となった。お母さんたちは、みんな「サッカー」と書いたので、あわてて問題を「サッカーの何のシーンでしょうか。」と子どもたちがハードルをあげた。

「大根ぬき」を見ていたお母さんたち同士が「あれよ、あれ。学級通信に出てたやつ」とささやきあったり、子どもたちの予想通り、「読書」がむずかし

「身体モード」に重点をおいたプレゼンテーション

かったりして、もりあがった。子どもが喜びすぎて、一回一回すわらせるのに、苦労したほどであった。

最後に、「ハロウィンパーティーの思い出」を即興でやってもらった。ネコのポーズ、スパイダーマンのポーズ、にぎやかなハロウィンになった。そのパーティーは、転出していく友だちのお別れパーティーでもあったのだ。

4.児童／教師の変容

1年生の子どもたちは基本的に、やりたがり、演じたがりだ。ごっこ遊びは彼らの本領だ。ただ、1年生にとって、場面を切り取るというのは抽象度が高く、むしろ「動画」の方がやりやすい。そして、ついつい、演じる時間が長くなってしまう。また、「体で漢字を表現しよう」というような具体的な作業はいいが、物語の大事なシーンを絵で表すというのはむずかしく、イメージがつかめないようだ。

それでも、どんどん、表現の質が変わっていった。他のグループが組み写真にすると、自分たちのグループもやってみようという風に発想していくからだ。

5.ふり返りの視点

今回は、「写真でクイズをつくる」というしかけが功を奏した。ばれないようにするために先行動作をしないということで、場面を切り取るということができた。また、良い問題をつくろうと努力したことが、答える側のことを考えるという認識の広がりにつながった。

また、保護者という最高の観客がいたことも大きい。一年を振り返るという作業は、子どもにも保護者にも印象深いものとなった。

（宮崎充治）

解説 24 なりきりプレゼンテーション

▶定義

本書「5.なりきりスピーチ」の発展型であり、演劇的手法によるプレゼンテーションでもっともよく使われる技法である。歴史上の人物、現代の著名人など、ある役柄に「なって」、一人称で発表を行う。採用する役柄は、必ずしも人間に限らない。アニメのキャラクター、自然界に生息する動物、路傍におかれた石仏など、自由に設定できる。

▶ねらい

役柄に「なる」ために、対象となる側の立場になって準備し、内在的に考えることができる。役柄になって一人称で発表することが、深い学びにつながる可能性をもつ。受け手側でも、人格化・擬人化されて表現されることで、内容に親しみが増し、より身近に感じることができる。

▶手順

(1) なってみたい役柄（複数でも構わない）を決める。
(2) その役柄をめぐる情報をリサーチする。
(3) 情報を編集し、役柄に語らせる内容を脚本化する。
(4) リハーサルを繰り返す。
(5) なるべく原稿を見ないで発表する。

▶活用のポイント

A. テーマの設定

人間でも、自然物でもどんな役柄でも設定できるため、人文、社会、自然など、あらゆる領域からテーマを選べるという特徴がある。通常の順番としては、まず発表テーマを決め、リサーチまで済ませ、発表形式を選ぶ段階で、効果的な発表のために特定の役柄を設定することが良く行われている。

「身体モード」に重点をおいたプレゼンテーション

B. 発表の形式

基本的な形式としては、例えば「ペットの放置問題」であれば、行政の担当者、あるいは犬や猫など当該の動物に「なって」、彼らの立場から問題の深刻さや解決策について解説する方法がある。少し応用的になるが、例えば「外国人労働者問題」であれば、調査対象者にインタビューを行い、そのときの会話の様子を、一人がインタビュアー、もう一人が外国人労働者その人に「なって」再現する方法もある。

より構成的に発表する場合だが、例えば「喫煙問題」であれば、対立する考えをもつ嫌煙派、喫煙派の人物を登場させて、それぞれの立場から討論をたたかわせることが可能である。さらに3つ以上の利害が錯綜するようなテーマを扱う場合であれば、架空座談会や架空シンポジウムに司会と3人以上のキャラクターを登場させて話し合わせることで、錯綜する議論をよりわかりやすく整理することもできる。

▶発表の工夫

・衣装をつけたり、登場人物を象徴する道具などを持ったりすると、役柄になりきりやすくなる。
・また、動作化を加えることで、聴き手に親しみを感じさせる場合がある。例えば、「医療とコミュニケーション」について、医者本人が解説する設定にした場合には、聴診器をもって問診をしながら発表したり、あるいは問診のシーンを簡単に演じ、それを終えてから聴衆の方をむいて語りかけたりするなどの方法がある。

▶発展

劇形式の発表。登場人物のキャラクター、登場場面、ストーリー展開、脚本、小道具など、より状況設定を具体的にして、複数の人物がテーマをめぐって語り合ったり、衝突したりという形で、よりダイナミックに発表することもできる。

(編集委員会)

[参考文献]
渡部淳(1993)『討論や発表をたのしもう』ポプラ社　117頁〜128頁
渡部淳(2001)『教育における演劇的知』柏書房　86頁〜141頁
渡部淳+獲得型教育研究会編(2010)『学びを変えるドラマの手法』旬報社

実践 24 | なりきりプレゼンテーション

私はミミズ

1.実践の条件

　高校3年生の「選択　生物Ⅱ」では、2012年度から、なりきりプレゼンテーションを実施している。ここで主に報告する2012年、2014年度の授業は、理系だけでなく、文系、看護系の生徒もいる履修者20名規模（男女ほぼ同数）の授業である。

　生物を選択した2クラスの生徒たちからなる合同の授業だが、生物Ⅰから続けて履修しているので、同じメンバーでやる2年目の授業ということになる。様々な地方から生徒が集まってくる関係で、3年間いっしょの寮という生徒たちもいて、授業の雰囲気は概してなごやかである。

　なりきりプレゼンは「生物の多様性と進化　第1章　生物の分類と系統」という単元で実施している。生物のグループの類縁関係や系統がどのようになっているかについて学ぶ単元である。ここでは、ある生物に「なりきって」プレゼンテーションすることにより、①選んだ対象に興味をもち主体的に調べること、②発表に取り組む姿勢や具体的方法について学ぶこと、③単元の理解を深めること、を目的としている。

授業の流れ：5時間（各50分）

　説明とグループづくり、リサーチワーク（2時間）⇒ディスカッションと発表準備（2時間）⇒発表と相互評価（1時間）。

　6グループ（各3〜4人）は、アクティビティ「歩いて集まれ」をやってランダムにつくる。

2.準備作業

（1）説明と教師の例示（ティーチャー・イン・ロール）

　授業の冒頭に、生徒にテーマを発表した。「私はミミズ」と書くとわーっと盛り上がった。

「身体モード」に重点をおいたプレゼンテーション

まず、教科書と図説を用いて、生物の系統分類の方法を説明する。

続いて、リサーチワーク・ディスカッション・なりきりプレゼンテーションを実施することを説明した。方法とルールは、次の通りである。

① 4人グループを基本とし、調べた生物になりきって、体を使って表現し、演劇的に6分間で発表する。プレゼンテーションの際に、小道具や簡単な衣装を使ってもよい

② 興味を持った生物の分類や生態を調べ、どんな観点からでもよいので深く調べて発表する。界門綱目科属種の分類名を発表すること。

③ リサーチは、図書館やパソコン、スマートフォンを使用してもよい。

④ 時間が限られているので、授業以外の放課後等を使ったり、グループの中で役割分担をして、自宅や寮に持ち帰って作業したりしてもよい。

⑤ 発表時には、他のグループが発表で取り上げた生物の分類や特徴をノートにメモする。そして、配布した記入表に評価を書きこんで提出する。

説明を聞いただけで、生徒はがぜんやる気を出している。ただ、どのようにやるのか、まだ具体期なイメージが持てていない。そこで私が簡単に例を示した。

「私はミミズよ。あんた達、私のことよく 知らないでしょ?! 私が、世の中に役立ってるってことわかってないでしょ!」といきなり、ミミズになって話し出す。

「わたしはね、別名土壌改良者っていわれてて、私の住むところは肥沃でよい土地よ。(略) かの進化説で有名なダーウィン博士も私の研究をしてたのよ」と、ミミズのイメージを変えるようなエピソードを話し、そこから、形態の特徴などに展開していく。

「心臓なんて10個もあるのにね。血管だってあるのよ。私の体はね、ツルツルすべすべにみえるけど、表面に剛毛がはえてるのよ。だからどんなとこでも前に進むのよ。ほら、こうやって!」

「アメリカ人だってひどいものよ。食用ミミズの料理コンテストなんてやってて、タンパク質やミネラルが多いので高価なんですって」というようなウンチクも入れて語り終えた。生徒たちはずっとおもしろそうに笑って聞いている。

(2) **プレゼンテーションの準備**

　このあと、早速グループに分かれて、話し合いやリサーチに入る。いつも眠そうな生徒も議論している。図書館へ移動したグループもある。スマートフォンを活用し、調べることを分担しているグループもある。リサーチやグループでのディスカッションが深まっていくと、当初の予定が変わることもある。対象の生物を変えて調べ直すグループも見られた。リサーチは授業時間だけでは終わらず、放課後や休み時間、日曜日にまで熱心に行うグループも多く見られた。

　リサーチが終わると、プレゼンテーションの準備に入る。発表時間が限られていることも効果的であり、いかに短時間で説明できるかも競っていた。シナリオを作って練習をし、なりきって表現する工夫も怠らない。
生徒が調べた生物種は多岐にわたる。2014年度でいうと「ウーパールーパー」、「オサガメ」、「ゴキブリ」、「アルパカ」、「クラゲ」、「クマ」の6つである。発表方法も、大阪弁でプレゼンテーションした「ウーパールーパー」、衣装に工夫をこらした「アルパカ」や「クラゲ」と多種多様であった。

3.発表の場面

　2014年度のどの発表も力作だったが、ここではあえて、2012年度に行われた「ダンゴムシ、ワラジムシ」チームの例を詳しく紹介したい。初年度の発表であることと、これにつづく13年度、14年度の生徒のモデルにもなった発表だからである。

　「ダンゴムシ、ワラジムシ」チームは3名。1人が机の前のイスに座ると教室の入り口から他の二人がノックして入ってくる。面接試験の会場という設定だ。1人はオカダンゴムシになりきって「ユーラシア大陸ヨーロッパから来たオカダンゴムシです。受験番号5656」とあいさつをする。もう1人は、「同じくユーラシア大陸ヨーロッパから来たワラジムシです。受験番号6464」といいながら着席する。教室が笑いに包まれる。

　面接官が「自己紹介して下さい」と話すと、ダンゴムシは挙手をして「身長14mm、14本の足を持ち、6つに体が分かれています。ワラジムシ君より足は遅いですが、丸まれます」と自慢した。

するとワラジムシは「色が褐色、楕円形で足はダンゴ君より早いです」と自慢しかえす。面接官からは、「おすまいは？」「コンクリや石を食べますか」「ご家族は？」と生息地、食性、生殖などの質問が続き、「カルシウムを摂るためにコンクリを食べる」(双方)、「母はおなかに40人の兄弟をつけて守ってくれる。一斉に育ち生まれると気持ち悪がられる」(ワラジムシ)、とそれぞれ答えていく。時に人家の柱も食べるというと、観客から「えーっ」と声が上がる。このやりとりで2種類の生物の生態がよくわかった。

　最後に、面接官が「自己PRをして下さい」というと、ダンゴムシは「私は、ムシと呼ばれますがムシではなく、動物界節足動物門甲殻綱ワラジムシ目オカダンゴムシ科オカダンゴムシです。甲殻類ですのでフライパンで焼いて食べると美味しいのです」と答えた。ワラジムシは「ベンジョムシと呼ばないで。私は、動物界節足動物門甲殻綱ワラジムシ目ワラジムシで、正統なるワラジムシ一族なのです。小さい子どもたちの皆さん、私を丸めてつぶすのはやめて下さい、私は丸まるのは苦手なのです」と面接官の質問に答える形式で発表を終えると、教室は笑いに包まれる。笑いながらも生徒は、分類や特徴を聞き取ってメモしていく。

　発表時には、ただ見るだけでなく、各自ノートに分類や解ったことをメモして、残りの10分で評価記入表に書き込む。この表には、わかったこと、感想、評点といった項目がある。ここでの評価は、それぞれの発表チームにフィードバックされ、彼らを大いに励ますことになる。

4.生徒／教師の変容

　コメントシートを読むと、このプロジェクトを肯定的にとらえる意見が圧倒的に目立つ。14年度のコメントにも、授業で聞くだけよりも内容がよくわかり、頭にも残ったという記述が多く見られた。プレゼンの制作過程についても、「休み時間に集まって調べて、シナリオをつくって、こっそり練習したのが楽しかった」、「1人で調べるより、分担できたり、意見の違いで議論したりしておもしろかったし、忘れない」というように、生徒たちの関係性が深まり、楽しんで学んでいる。

解りやすいプレゼンを求められていることが、彼らのディスカッションを生

み、能動的な取り組みを育てたのだろう。同時に、観る側の学びも豊かである。もっとも印象に残っているのは、2012年度の生徒のもので「（ダンゴムシを食べる民族があると聞き）ダンゴムシ食べてみたい」と書いている。

　なりきりプレゼンも3年目になるが、毎年、生徒の発想の豊かさに感心させられる。実験や観察を通して、教師の意図することをその通りに繰り返すという通常の授業とはちがい、生徒が主体となって、多くの生物種の中から調べる対象を選び、自ら知識を獲得していくことで、能動的に理科を学ぶ感覚やスタンスを身につけているように感じている。

5.ふり返りの視点

　「物理Ⅱ」を選択している生徒たちが、自分たちも発表を見たいといってきた。大いに刺激を受けたらしく、その後、物理でもなりきりプレゼンをするようになった。物理担当教師も学びの深まりを実感しているという。単元と方法を工夫すれば、応用できる分野はまだまだある、と考えている。

（藤田真理子）

解説 25 | CM発表

▶ **定義**

テレビCMなどの形式を使って、ことばや身体表現でメッセージを伝える。

▶ **ねらい**

短く明快なメッセージをもつ発表をつくることができる。CM発表は多様な技法を用いた総合的な表現活動である。このことからCM作りは作り手の創造性を刺激することができ、同時に受け手の側でも多様な表現を楽しむことができる。

▶ **手順**

(1) 課題と発表に要する時間を示す。
(2) 例えば「この学校をアピールする1分程度のテレビ・コマーシャルをつくって、グループ全員で演じてください」
(3) グループ単位で話し合い、出来るだけ多くのアイデアを出す。そして1つに絞り込む。
(4) アイデアにそったストーリーを作り、配役を決めたらリハーサルを行う。
(5) 各グループが順番に発表を行う。

▶ **活用のポイント**

A. テーマの設定

最初に取り組むときは、「自分CM」、「自分のクラスCM」、「自分の学校CM」などのテーマからはじめる方法もある。生徒が既知の情報を活用できるからで、それによってリサーチの時間も短縮できるからだ。

B. 制作の流れ

① アピール・ポイントを考える

グループごとに対象の特徴を話し合って、何をアピールしたいのか考える。

② キャッチ・コピーを決める（この項は『広告小学校』(2011) を参考にした）

言葉をそのまま言っても、聞く人に対するアピール度は高くない。そこで伝えるための工夫をする。たとえば、「甘いチョコレート」では普通すぎるから、

　誇張──とろける、気絶するチョコレート

　擬人化──アマイチヨ子さん登場

など、さまざまな表現の工夫をする。

③**CMの形式を選ぶ**

　CMの形式としては数場面の短いストーリーCM、説明的なスピーチCM、かけあい的な会話をおこなうもの、クイズ形式のCM、歌によるCM、インパクトの強いキャッチ・コピー、印象的な身体表現で表すものなど多種多様である。どのタイプのCMを作るかは、ふだんTVで見るCMのスタイルを参考にするとよい。

④**ストーリーづくり**

　前述の『広告小学校』では「CMコンテ」を書くことでアイデアづくりをしている。内容は、a) テーマ、b) おおまかなストーリー、c) 4コマ漫画、d) 漫画の説明、で構成されている。形式はいずれにしろ、基本的なストーリーを各自が考え書いてみるとよい。

⑤**配役を決めてリハーサルをする**

　リハーサルをする中で位置や動きを修正していく。

C. 発表の工夫

①人形やぬいぐるみのキャラクターを登場させるとか、絵や写真を使ってもよい。

②説明にフリップを使ったり、小道具を使って表現すると説得力が増すこともある。

③有名なCMソング、CMコピーを借用することもありうる。

D. 活用の場面

　リサーチをおこなってから発表するなら、様々な場面で応用できる。社会の何が課題でどう解決したらよいかを提案する「公共CMづくり」(道徳または

総合的な学習の時間）、「元素の特徴CM」「動物CM」（理科）、「地域や国の特色CM」（社会科）など教科の学習や生徒会活動にも広く応用できる。

▶発展

　テーマによっては、コンクール形式にすると、いっそうやる気が高まる。コンクール形式にする場合は、受けねらいに重点がおかれるようなことがないように、あらかじめいくつかの評価の観点を定めておくとよい。ビデオに録画して映像発表してもよい。

（編集委員会）

［参考文献］
1. 渡部淳（2001）『教育における演劇的知』柏書房 31頁〜36頁
2. 渡部淳（2005）『中高生のためのアメリカ理解入門』明石書店 26頁
3. 電通「広告小学校」事務局（2011）『広告小学校』宣伝会議

実践 25｜CM発表

ドラマ教育をCMにしたら

1.実践の条件

　大学3・4年生。「応用ドラマ教育論」という教職をめざす学生を対象とした選択科目（受講生23名）。2014年7月実施。90分。

　「応用ドラマ教育論」は、教育へのドラマ技法の応用を論じる科目である。学生は様々なドラマのスキルやメソッドを体験し、並行して、自分たちのグループでドラマ技法を使った授業を計画する。約60分の授業をグループで実施したのち、それらの実践をふりかえり、それをもとにドラマの手法を教育に応用することについて考察し、レポートを書く。

　そういった一連の取り組みを終えた最終日に、ドラマ教育の特徴について改めて考えてみることが、本時のねらいである。短時間で印象深くまとめて発表する手段として、CM発表形式を用いた。

2.準備作業

　まずは7つのグループ（各3〜4人）をつくった。そして、グループ内で、「明日結婚する娘とその父」「自分は癌だと思っている患者と医者」などのテーマで二人ずつ即興の会話をした。新しいグループになじむことと、演じることのウォームアップである。あらかじめペアになる順番を決めておき、テーマを与えられたら、相談せずにひとりがある役で話し始める。相手はそれを受けて会話する。いくつものペアが同時進行で会話をするので、一気に教室内はにぎやかになり、あちこちで笑いがまきおこった。

　本題に入って、グループ内で「応用ドラマ教育論を受講して印象に残ったこと」を話しあった。そののち、グループで話題に上ったことを出しあい、これまでの講義をざっとふりかえった。今回のCMづくりは、授業経験そのものが発表のもとになっているという意味で、過去14回の講義すべてがこの発表の準備作業だったとも言える。

「身体モード」に重点をおいたプレゼンテーション

さらに、『何かになる』『誰かになる』というドラマの手法を教育に取り入れると、どういう効果が期待できるか、あるいはどういう配慮が必要になってくるか、これまでの経験をもとに話し合ってもらった。
　続いて「ドラマ教育の特徴を現すCMをつくってみましょう」と投げかけた。「CM?」と声があがる。「CMというと『こんなにすばらしいよ』というのが多いけど、『ここは気をつけて』みたいなのも良いと思います。全員で作ってほしいけれど、画面に出てこなくて音だけの人とかいてもかまいません。A3の紙とマジックを持ってきているので、もし必要なら使ってください。テレビ画面はこの範囲にしましょう」と説明し、黒板に線を引いて幅4メートルほどの舞台となる範囲を示した。
　すぐにグループで話し始める。様子を観察していると、話が止まっているグループがあり、「話がまとまったなら練習して」と促す。時間がたっても立ち上がらないグループがあるので、「あと5分で発表してもらいます。実際にやりながら考えてください」と全体に声をかける。それでも座って話し合っているグループに「まだ?」と問うと「あれこれあって絞りきれなくて」とのこと。「時間が限られているのでどれかに決めよう。あとは即興」とアドバイス。話し合いと練習で約20分が経過した。
　いよいよCMの発表。テレビ画面に見立てた黒板に向かって、観客がU字型に陣取った。そしていよいよ発表だ。

3.発表の場面

　Aさん、Bさん、Cさんの三人が出てくる。「は〜い、みなさん、こんにちは（と両手を広げる）。本日ご紹介する商品はこちら」とAさんが手を差し伸べた先でBさんが泣いている。Aさんがはける。テレビショッピングのスタイルである。台詞回しやジェスチャーが、アメリカのTVの吹き替えのようである。Cさんが登場する。
C「おいおい、どうしたんだ、マーシー。元気ないじゃないか」
B「友だちが少なくて、自分を出すことができなくて、困ってるんだ」と大げさに肩をすくめる。
C「そんなときは、これを使えばいいさ」

B「なんだよ」
C「ドラマ教育さ。これを使えば、自分を出せるし、友達もできるし……」
B「ドラマ教育？　そんなうまい話が……。（ここで豹変）ウハハハハ、私はデスマーシー。ドラマ教育で自分を出すことに成功した。これが本当の私だ。世界中の人気を独り占めだ」

　Cさんも変身し、二人のビーム合戦ののち、Cさんが勝利。「自分が出せるようになること」が強調された。Bさんは、この授業で演じることに目覚めたそうである。観客席は、何度も大爆笑。終了後、大きな拍手が送られた。

　次のグループは、○と×を書いた紙を交互に用いて、短い場面でドラマ教育の良い点と気をつけなければいけないことを表現した。良い点は「授業が楽しい」「主体的に取り組める」、気をつけなければいけないことは「取り残される生徒がないように配慮すること」「強制しないこと」であるとし、「ドラマ教育は生徒がやりやすい空間をつくって楽しくやることが大切です」という言葉で締めくくった。

　学生が取り組んだ社会科の授業を一部再現したグループもあった。その授業は、各グループに「長篠の戦い」、「本能寺の変」、「山崎の戦い」などの異なる資料を与え、それを読みこなしてそれぞれのグループが短い場面をつくるというものだった。この時の「本能寺の変」を再現し、歴史上の人物に「なること」で印象に残る良さを強調した。また、直前のウォームアップでの「癌と思い込んでいる患者と医者」のやりとりを再現し、「その状況を体験できるすばらしい方法。でも、実施するときは、実際にその立場の人がいるかもしれないことに配慮が必要です」とナレーションを入れたグループもあった。最後まで話し合っていたグループは、授業の回を重ねるごとに緊張が解け、お互いが知り合い、自分が出せるようになっていく様子を示し、積み重ねの大切さを表現した。

　関西で放映されている有名な「豚まんのあるとき、ないとき」のCMを下敷きにしたグループもあった。ドラマ教育が「あるとき」は相互の関係ができ、「ないとき」はひたすら机に向かっているようすを演じた。ドラマのD、教育のKをとり、ACジャパン（公共広告機構）の「AC～♪」のメロディーに模して、最後に「DK～♪」と歌ったグループもあった。どのグループにも惜しみ

「身体モード」に重点をおいたプレゼンテーション

ない拍手が送られた。発表に要した時間は全体で約25分だった。

　発表終了後、円になって座り、言い残したことを語ってもらった。この授業ではメンバーとの交流が多く、授業外でも顔を合わせると会話を交わせる珍しい科目だったそうである。「毎回変化に富み、ひとつとして同じでないのが良かった」「最初は表現することを『恥ずかしい』と思っていたが毎週楽しみにするようになった」という感想もあった。最後に、ニーランズ氏の「ドラマの中心目標」*を引用して授業を閉じた。

4.学生／教師の変容

　授業後の学生のコメントには、「ドラマ教育の特長や注意点などが、自分の中で整理できた」と書かれていた。今年は例年よりも受講生が多い。いつもなら最後の授業で、一人ひとりに感想を語ってもらうことができるのだが、今回は最後までグループ活動で通した。それによって彼らは、最後まで表現することを楽しみ、大いに笑いあった。ドラマの授業をドラマの手法を用いて閉じる良さを再認識した。

5.ふり返りの視点

　「ドラマ教育の特徴について改めて考えてみる」ということだが、「仲良くなれる」、「授業に主体的に取り組める」、「授業が印象に残る」などの項目が、異なる表現で繰り返しCMに登場してきた。また、CMのなかに教師を登場させたグループも目立った。このことは、彼らが生徒の視点だけでなく、授業者の側の視点からもドラマ教育の特徴やそこで配慮すべきことを考えていたことを示している。

（武田富美子）

*『教育方法としてのドラマ』(ニーランズ・ジョナサン、渡部淳著　晩成書房　2009年　p.57)に、学校におけるドラマの中心目標として次の5点が挙げられている。
①子どもたちがそこで学べるような、意味がありかつ関連性のあるコンテキストを与えること
②学習に積極的に参加できるように子どもたちを勇気づけること
③学習のすべての面において、子どもたち自身を表現する機会を与えること
④子どもたちに自信をつけさせて、自尊心を高めさせること
⑤子どもたちが違いについて肯定的に取り組めるような機会を創り出すこと

「身体モード」に重点をおいたプレゼンテーション

解説 26 再現ドラマ

▶定義
あるシーンを再現して見せること。1人で演じる場合もあるが、多くの場合は数人で協同して演じられる。

▶ねらい
言葉と身体を使って、伝えたい出来事を効果的、立体的に肉づけすることができる手法である。再現シーンを演じたり、それをお互いに見合ったりする中で「場面」に内包されている意味を再発見することができる。発表後は、演じる側と見る側の豊かな意見・感想の交流が期待できる。制作過程では「出来事の選定」、「物語の構成」、「テーマ、主題の決定」、「焦点化の工夫」などについて、話し合いながら協同して取り組むことができる。この作業を通して、再現する出来事を相対化、客観化しながら理解することができる。

▶手順
(1) グループごとに、再現する場面を設定する。主題、場所、登場人物、ストーリー、ドラマの終わり方などについて考える。
(2) せりふ、立ち位置、動きなどについて工夫しながら、練習をする。必要に応じて小道具などを準備する。
(3) 出来事の始まりから結末までを演じる。

▶活用のポイント

A. テーマ設定
・日常生活で問題と思うことから社会問題まで、幅広く扱うことができる。
・問題を焦点化するために、ある特定の場面だけを切り取って演じるのも効果的である。

B. 活用の場面
・事実や実態を再現するだけでなく、「もし〜だったら」などの仮定に基づいて場面を考えることもできる。

・学習単元の導入時に、問題提起として演じるのもよい。

C. 場面づくり
・演出係を決め、制作過程を客観的に見て指示するとスムーズに進む。
・ドラマにめりはりを持たせ、伝わりやすい構成にするため、ナレーター役が解説を加えることも一つの工夫である。

D. 発表の工夫
・最も大切な場面に焦点化する。
　(例)その瞬間をストップモーションで表す。　決定的瞬間で「ええっ?」などの感嘆の言葉を全員で言ってみる。その時のポーズも決める。　「ジャジャーン!」など擬態語を全員で言ってみる。　「どうしてそうなるの?!」などのオチ(最終場面での)決め台詞を決めておく、など工夫する。
・良い例、悪い例などと、対照的に演じてもよい

▶応用

・小学校の段階でも、様々な教科、領域において、この「再現ドラマ」の手法を活用することができる。
　学年末に、学級で起こった出来事や楽しかった思い出を再現ドラマで表現して振り返ったことがある。その他でも、各学年で実施される社会科見学のまとめの活動として、見学先で働いている人の仕事ぶりを再現ドラマで発表し合ったりすることも可能である。
・「アメリカ銃規制の問題」銃で撃たれた日本人留学生の事件を、資料を基に再現してみる。実際に動いてみることで演じる側、見る側双方に発見があり、議論が深まる(『中高生のためのアメリカ理解入門』テーマ12 参照)。

(編集委員会)

[参考文献]
1. 渡部淳(2001)『教育における演劇的知』柏書房　121頁
2. 渡部淳編(2004)『中高生のためのアメリカ理解入門』明石書店　82頁~87頁
3. 渡部淳+獲得型教育研究会編(2010)『学びを変えるドラマの手法』旬報社 35頁~55頁
4. 小林由利子他編(2010)『ドラマ教育入門』図書文化

実践 26｜再現ドラマ

わが家のルール

1.実践の条件

小学校6年生　3学期

　筆者の勤務する小学校には5、6年生で、総合的な学習の時間にあたる「こみち科」(週に3時間)という教科がある。『生活者として自立すること』を教科の目標に据え、従来の「家庭科」の指導内容も取り入れてカリキュラムを編成している。6年生の3学期に「家庭経済」についての学習がある。よき消費者としての基礎的な知識について学習し、架空の家族を想定して、1か月間の家計についてのシミュレーションをさせている。グループに分かれて行ったシミュレーションをそれぞれ発表し合う場面で「再現ドラマ」の活動を取り入れてみた。

　ねらいは、家庭経済の基礎について学び、「よき消費者」としての知識と意志を身につけることである。

流れは以下の通りである。(7時間配当)

　グループ(4人)内で、家で調べてきたことを発表し合う⇒グループごとに「1つの家族」を想定して、家計の運用上、その家族が大事にしているルールを話し合って決める。1か月間の支出の計画を立てる⇒グループごとに練習して、再現ドラマを創る⇒発表する(プレゼンテーション)その後に感想交流

2.準備作業

　まず宿題として、自分の家庭の「おおよそ1か月間の家計」について主に以下の2つの事柄について調べさせる。
・支出にあてられている品目、項目は何か(どの位の割合で支出されているか)。
・家計を運用する上で、自分の家で決められている約束、ルールについて。
※「収入、支出」については、個人情報でもあるので詳細な金額については

「身体モード」に重点をおいたプレゼンテーション

求めない。大雑把な傾向だけで良いことを、児童にも家庭にも伝えた。
次に、何を再現ドラマにするのかを説明する。

　「どの家にも、ずっと大切にされている『家計の運用上のルール』があると思います。このルールが決められたのにはきっと何か理由があったことでしょう。たとえば、ある日、ある時、一家は困った出来事に見舞われてしまう。それでルールを決めよう、となったわけです。その出来事はどんな出来事だったのでしょうか。それを考えて再現ドラマにしてみましょう」

　ある枠組みを与えることで、発表のスタイルが決まり、作りやすく、また演じやすくなる。今回は次のような手順、構成で作るように説明した。
①家族構成を考え、それぞれが誰を演じるのかを決める。
②全員で「皆さん聞いてください。こんなことがあったんです！！」と言ってドラマを始める。
③再現ドラマ（家族が見舞われた困った出来事）を発表する。
④全員で「こんなことがあってからです。我が家では『○○◆◆××』というルールを大切にするようになったのです」。

3.発表の場面

　西組の4班の発表。父、母、息子（兄）、娘（妹）という配役である。緊張の面持ちで皆の前に出て、横一列に並んだ。
全員：我が家では、子どもは、時間を守ってゲームをします。課金が発生するゲームには絶対、手を出しません！
　枠組みどおり、大声で言い放ってスタート。
息子：皆さん聞いてください。こんなことがあったんです。
　情けなさそうな表情が真に迫っている。続けて、食事の場面になる。
父：おー、今日はラーメンか。いただきます。（家族4人、ラーメンを食べ始める）
兄：ゲームしようっと。（食卓から離れる）
妹：私も！　（兄についていく）
　2人はゲーム機に見立てた電卓を手に、夢中になってやっている。
母：（2人に向かって）ゲームばっかりしてないで、ご飯ぐらい、しっかり食べなさい！

父役の児童が『そして次の日』というプラカードを提示する。なかなか間がいい。
母：(紙切れを持って慌てて登場)何、これ！　一体、どうなってるの？
　その声をきっかけに、みんなが集まって来て、紙切れをのぞき込む。
父：なに、なに？　請求書？
兄と妹：(声をそろえて)ゲーム代？　うわっ、四万円‼
父と母：(拳を振り上げて)こらーっ！
兄と妹：(頭を下げて)御免なさい！
　最後に全員で冒頭の台詞を繰り返す。「我が家では、子どもは、時間を守ってゲームをします。課金が発生するゲームには絶対、手を出しません！」言い終わって礼をすると、クラス全員から拍手が送られた。
　他には、スマホに夢中になって料金がかさんでしまうケースや、テレビショッピングで次々と買い物をしてしまい、生活費が底をつくなど、親の問題を演じたグループもあった。

4.児童／教師の変容

　小学校6年生ともなれば、お金についても関心を持ってほしい。「どの班の発表を見ても『なるほど』と思えた。やはり、お金は計画的に使わなくてはいけない」「あんなトラブルがあったら、確かに気をつけるようになるだろう。いろいろな誘惑があるので、僕も気をつけたい」など、具体例を見て学んでくれたようだ。また、「社会保険や任意保険、いろいろな税金の種類についても学んだ。物を買う以外にも様々な支出があることを知りました」と、一ヶ月の家計を調べることで、新たな気付きが生まれている。
　さらに、「家族が、いろいろなトラブルから僕たちを守ってくれていることがわかった。自分もそんな大人になれるようにしたい」と家族の大切さにも思い至ったようだ。

　身体を潜らせて、取り組んだ発表を見合うことによって、様々なトラブルをより実感を持って受けとめることができる。その結果、家計を支えている保護者への感謝や、自分が今後、どんなことに気をつけて消費者として生活

をしていけばよいのかについて書いた感想が多く見られた。

「トラブルや困ったこと」が課題になっているので、事件性のある極端な出来事に流れてしまわないか危惧を抱いていたのだが、抑制の効いた日常的な出来事を取り上げるグループが多く、嬉しかった。

受け手に効果的に伝わる「構成の工夫」や、「焦点化の工夫」については、教師側の具体的な支援が足りなかったので物足りなさもあった。が、児童の発想、アイデアは豊かなものが多い。それを効果的に膨らませていく指導、支援の方法について、もっと具体的な手立てをもちたい。

5.ふり返りの視点

「よき消費者」としての知識や素養を身につけることが、学習のねらいだった。まだ初歩的な段階の学習ではあったが、「自分も１人の消費者である」という自覚を初めて持つ機会になった。消費生活、家庭経済について、自分なりの「考えと姿勢」について再考させられる時間ともなった。

再現ドラマの後で「１か月の支出計画」について、模造紙を使い大きな表に書いて発表させたが、時間がかかって、学習が間延びしてしまった。A4版程度のプリントにまとめさせ、それを印刷して全員に配布し、特徴的なところや家庭のルールと結びついているところに重点を置いて発表させると、めりはりのある発表となり、その後の感想交流にもっと時間を割くことができたのではないかと考えている。

（林 久博）

解説 27 ホット・シーティング

▶**定義**

テキストの内容やある場面の登場人物の心情などをより深く理解するために、学習者が登場人物になって聴衆の質問に答える発表技法。

▶**ねらい**

だれかがその場面の当事者に「なって」質問に答えることで、場面の解釈を共同で深める活動である。質問に答えようとする生徒、質問を用意する生徒双方の想像力、創造力、論理的思考力を養うことができる。

▶**手順**

(1) 教科書、文学作品、歴史史料、新聞記事などの資料を事前にみんなで読む。
(2) ホット・シーティングに座る役柄を選ぶ。
(3) その役柄を演じる生徒を選び、他の生徒は個人・グループなどで質問をする準備をする。
(4) 選ばれた生徒が、資料の登場人物になって皆の前に座る。
(5) 他の生徒が質問したら、その役柄になりきって答える。

▶**活用のポイント**

A. 場面設定

・普通教室なら全体の机を少し後ろに移動し、教室の前に「ホット・シート」(質問される人が座る椅子)を用意する。答える人の姿や表情が皆に見えるように工夫する。

B. 役割決め

・ホット・シートに座るのは一人でも複数人でもよい。
・司会を置くと進行がスムーズになる。司会は教師がおこなってもよい。
・質問者もある役柄をとる場合ととらない場合とがある。

「身体モード」に重点をおいたプレゼンテーション

C. 進め方

- 質問が出にくいときは、グループで相談して質問を用意してから始めると良い。
- 生徒が照れてしまったり、ウケねらいに走ることもある。始める前に目的をしっかりと説明してから始めるとよい。「主人公の気持ちを知ることが目的だ」など。
- 最初に教師がホット・シートに座り、見本を見せると生徒に理解させやすい。

D. アドバイスのポイント

良い質問を作るためのアドバイスをする。

① ホット・シートに座った人の、置かれた状況や心情を想像して質問する。
② 質問を心の中で推敲して、何をたずねるのかはっきりさせ、簡潔な言葉で質問する。
③ 最初は周辺的な質問でもよい。最後は核心的な質問をするように心がける。
④ 質問は開いた質問を中心にする。「なぜ」「どのように」「なにを」など。一方、答えを絞り込むときには閉じた質問を使用する。「〜だったのですね」など。
⑤ 資料と関係のない質問はしない。また、答えられない質問には応答しなくても良いことにする。「分かりません」「今は答えられません」もよしとする。

E. 活用の場面

- 道徳授業、各教科、総合的な学習の時間など、さまざまな場面で必要に応じて使うことができる。たとえば文学教材を教える中で使用して登場人物の心情や作品理解を深めたり、歴史教材を通して時代背景理解のために使うこともできる。歴史学習で「これから徳川家康さんに登場してもらいます。江戸幕府のしくみについて質問しましょう」とか、社会科や家庭科で「消費者センターの○○さんがお見えです。振り込め詐欺について質問しましょう」など。

・授業で使う場合には、授業の導入としても、また一通り説明を終わらせた内容に関して、理解を深化させるところで利用することもできる。

▶発展

・ホット・シーティング⇒相談タイム⇒再度ホット・シーティングのように繰り返して質疑を深めていくこともできる。
・ある人物に対する質問が終わったら、テキスト中の他の登場人物にスイッチし、ホット・シーティングを続けていく。複数の視点を確保することで、テキストをより立体的に解釈することができる。

(編集委員会)

[参考文献]
・渡部淳(2007)『教師　学びの演出家』旬報社　200頁〜206頁
・渡部淳＋獲得型教育研究会(2010)『学びを変えるドラマの手法』旬報社　56頁〜71頁
・溝上慎一・藤田哲也(編)(2005)『心理学者、大学教育への挑戦』ナカニシヤ出版
・溝上慎一(2014)『アクティブラーニングと教授学習パラダイムの転換』東伸堂
・市川伸一(2012)『教えて考えさせる授業中学校』図書文化
・鏑木良夫(2013)『わかる授業の指導案80』芸術新聞社
・グリフィン、マクゴー、ケア(編)(2014)『21世紀型スキル　学びと評価の新たなかたち』北大路書房

実践 27｜ホット・シーティング

市長になって考えてみよう

1.実践の条件

　中学3年生の社会科。生徒17名。

　4月、このクラスの初担当となり、授業方法についてアンケートを取った。すると、「自分たちが発言(発表)できる授業にしてほしい」という意見が大多数であった。そこで、その希望を取り入れ、教師からの説明する講義の時間はできるだけ短くし、講義内容を一つのヒントとして自分で考えたり、自分で調べたりしてくる機会を多くした。

　そのような指導の一環として、ふだんから10分間程度の時間を用いて授業で学んだ内容の「理解深化」のためにホット・シーティングを用いている。今回は、中学3年生が、本格的な政治内容の章に入っていく段階で、これからどのように社会の問題に取り組んでいけばいいのかを、疑似体験をもって感じ取ってもらおうと考えた。授業時間1時限を使って行ったホット・シーティングの取り組みについて報告する。

2.準備作業

　3年社会科の教科書(東京書籍の教科書「新しい公民」)には「市長の都市開発案を検討する」という項目がある。新しい都市開発を市長の立場になって検討していくというものだ。再開発用地をどう活用するか。そこで挙げられている四つの案「多くの人が利用できる公園にする」(A案)、「最新のごみ処理施設を建設する」(B案)、「図書館などの入った多目的公共施設を建設する」(C案)、「大型のショッピングセンターを誘致する」(D案)の検討を順次していく。

　再開発用地の利用に関し、4つの異なった意見をもった4人の「市長」にホット・シートに座ってもらいそれぞれの考えを述べ、他の生徒は市議会議員となってそれぞれの案に対して質疑応答を行う形式で授業を展開した。実施直前の授業の終わりに、市長役4名を選んだ。まず、クラスの生徒全員

「身体モード」に重点をおいたプレゼンテーション

に最も良いと思われる案を選択するように指示し、黒板にそれぞれの生徒の選択状況を記した。すると、A案とB案に各2名、C案には4名、他は全員D案と分かれた。「それぞれの希望者の中から市長になる人を選ぶよ」と声をかけると、A案とB案を選んだ生徒から「え～?!」と非難と困惑に近い声が聞こえた。そして、カード(トランプ)を使って、希望した各グループ(A～D)の中から市長役をそれぞれ一人選んだ。

　市長役となった生徒は、自分の案(A～D)を通すために、その根拠となる理由を準備してくるとともに、できれば暗記してくると良いと指示する。事前に教科書を読み、資料を調べ、また身近な人にきいて、他の市会議員役の生徒の質問(攻撃)にもできる限り対応できるようにしようと付け加えておく。

　他の生徒(自分の案以外が議論されるときの市長役の生徒も含む)は、市会議員役となる。事前に教科書を読み、資料を調べ、また身近な人にきいて、各案に対してそれぞれ質問(議論)する事項を準備してくるように指示する。最低、各案に対し一つずつは準備してくるようにと話した。準備した質問に関しては、ノートに記述してくるように指示する。

3.発表の場面

　4つの案をそれぞれ約10分間ずつ行った。それぞれの「市長」と「市議会議員」のやり取りは、それぞれに特徴があった。ここでは、上記のうちB案「最新のごみ処理施設を建設する」の実践の様子を挙げる。

　ホット・シートに女性市長が座る。少し自信なさげである。まず自らの支持する案の理由を述べる。
市長「今回の再開発用地の活用については、さまざまな意見がありますが、市としては最新のごみ処理施設を建設することを検討しています」
　それに対して、各議員役の生徒から質問が飛んでくる。また、ヤジをとばす議員役もいる。
　市長役となった生徒が自らの提案の趣旨説明を行う。がんばっている。
市長「その理由は、最新鋭の機械にすることにより、効率よく処理できるということでエネルギーの無駄を省くことができ、かかる費用が少なくなる

からです」

　すると、市会議員からまず、

市会議員Ⅰ「街中に作ると環境が悪くなるのではないか」

　という疑問が上がり、それに対し、

市長「最新鋭の機器なので環境にいいのです」ときっぱりと回答。

　次に、

市会議員Ⅱ「新しく作る方がお金がかかるのではないか」に対しては、

市長「新しい機械は処理の効率が良いのでかかる費用が少なくなります」

　となかなか順調に答弁していった。しかし、

市会議員Ⅲ「新しい施設を造るよりは、今の施設を使った方が安上がりではないのか」

　さらに、

市会議員Ⅳ「今ここに作る必要はないのではないか」

　などと次々と質問された。市長はこれらの質問対する答えに窮して、後半は答弁がしどろもどろになってしまった。

　授業終了後、B案の市長役となった女子生徒は、「あまり上手に反論ができなくて悔しい」と話した。そういう気持ちも成長の糧になるととらえ、大切にしたいと思い、「こういう質問に対しては、このように考えることもできるよね」と声をかけた。

　なお、A案とC案のやり取りは、批判的な意見（生徒の質問内容）が少なく、D案は突っ込んだ意見（質問）はあったが、多くの生徒の持つ質問が同じもの（「交通量が増えて危険はないか」「大型ショッピングセンターができてもともとあるお店がつぶ

れてしまうのではないか」)に集中していた。

　議会内のやり取りは、市長役となった生徒のキャラクターによって、かなり異なる雰囲気となる。今回は、その10分ごとに変化していくこの雰囲気に引き込まれたかたちで、多くの生徒が「議会」を楽しんでいたように感じられた。

4.生徒／教師の変容

　従来の形式で授業を行っていたクラスの生徒たちは非常に受け身で、また授業に集中できない生徒が多くみられたものであった。それに対して、この授業形式を入れることにより、①ほとんどの生徒が教師の説明にも自分以外の生徒のことばにも注意を向けるようになっている。②授業後の感想の中でも、「ごみをそのまま放置しておいたら悪臭などにつながる。さらにその影響で国民が病気につながる恐れもあるので、新しいゴミ処理施設建設に賛成」、「古いゴミ処理場は補修への費用がたくさんかかってしまうため反対」とのべるなど、生徒たちは社会の問題を、より具体的に自分のことがらとして考えることができた。③何よりも授業に対し積極的に参加するようになったと言える。生徒の多くが自分で準備したり、発言したり、行動に出たりしていた。この授業形式では、さまざまな役柄がありうるため、ほとんどの生徒が参加できる。また最も多くの「市会議員」から責め立てられたB案を推した市長役の女子生徒は、しばらくして、「あの時はイライラしたけど、またやってみたい」と感想を述べていた。

　普段からいくつかの演劇的手法を取り入れて授業を組み立てているが、1時限全体をホット・シーティングに使ったのは今回が初めての試みであった。
　ところが、生徒たちが思っていた以上に準備をしてくれて来ていて、一つひとつの議論がスムーズに進んだ、というよりも熱くなって盛り上がったことを感じた。生徒たちの生き生きとしたやり取り、体の動きを見ていて、教師として生徒に対する前向きな気持ちが大きくなっていくことが強く感じられた。
　生徒のレベルによって参加型授業は難しいという声がある。しかしこの方

法で授業をおこなうと、その生徒たちの学齢や学力に応じた形で議論が始まりそして深まっていくと感じた。それにより、この後に続く授業内容について教師として、どのようにどの程度深めながら進めていくのがよいか、考える基準が見えてくるように思われた。

5.ふり返りの視点

　一般的に、生徒たちは地理や歴史には興味や関心があり、また学習法に関しても自分なりのものを持っているようだ。一方、同じ社会科でも公民に関しては「学び方がわからない」「興味がわかない」という生徒が多いように思える。

　この授業を行ったことで、政治分野へ向かう生徒の姿勢は、明らかに変わってきた。「先生の話を聞き、黒板を写せばいい」というような受け身な姿勢が減り、自分から意見を発信しようとする生徒が目に見えて増えた。自分自身も教師として、ただ「教え込む」のではなく、生徒の発言を起点としての授業、生徒を基軸としての授業が進められるようになってきたと感じている。

（藤牧 朗）

解説 28 | ディベート・ドラマ

▶定義

対立する論点を持つ登場人物たちがその主張をディベート的に述べ合う形式のプレゼンテーション。あらかじめシナリオを作り、キャラクター設定をおこなって、ストーリーを展開する。ディベート・ドラマの場合は、フォーマル・ディベートのように、ディベートのフォーマットを厳密になぞる必要はない。

▶ねらい

対立する発表者に役柄を与えることで、よりリアルに対立を描き出すことができる。両サイドの論旨のポイントが洗い出され、対立軸がわかりやすく示されるので、論題についての理解が深まり、思考が深められる。文学作品や裁判の判例などをベースにしている場合は、それを元に各出演者の役どころを肉づけしていくので、より演劇的要素も強まり、立体的多面的に問題を捉えることができる。

▶手順

(1) テーマを設定する
(2) その議論に対する肯定側・否定側双方のブレーン・ストーミング(論点の洗い出し)を行う
(3) 対立点を際だたせるようなシナリオを作る(各々が主張する場面だけでなく、相手に反論する場面や質問する場面を入れてもよい)
(4) 登場人物のキャラクター設定をする
(5) 配役をおこなう
(6) リハーサルを繰り返し、セリフ、動きの修正をおこなう
(7) 発表する

▶活用のポイント

A. テーマ設定

身近な生活上のテーマから、教科の学習内容に関わるテーマ、さらには社

会の動きにかかわるテーマまで、様々な領域でテーマ設定が可能である。

①身近な生活のテーマ例
- 休暇中に山にでかけるか海にでかけるか
- 外食がいいか家で食べるのがよいか
- 兄弟がいるのがいいか一人っ子がいいか、などをめぐるドラマを作る。

②教科に関わるテーマ例
- たとえば歴史で、邪馬台国は九州にあったか、畿内にあったかをめぐる討論ドラマを作り発表する。
- 理科で、ある現象の原因を生徒たちに考えさせる。その際複数の可能性を示し、それをかんたんな討論ドラマにして発表しあう。

③社会の動きにかかわるテーマ例
- 成人年齢を18歳にすべきか　・安楽死は許されるか
- 遺伝子操作は許されるか、などの議論を含むドラマを作り発表する。

B. 活用の場面
- 同じテーマで2つ以上のグループの競演をおこない、違いを味わうのも面白い。
- より深く考えさせたい問題については、ディベート・ドラマの上演後、発表した生徒と観客生徒全員でディスカッションをするとよい。

C. 制作上の注意
- 制作過程では、どちらか一方が明らかに優勢というのではなく、両論のバランスに配慮して、しかも十分論拠を示しつつ演じるようにしたい。どちらが優勢か判断に迷うほど説得力をもった議論がおこなわれると、このドラマは成功したと言える。
- 競技ディベートの指導者が、生徒にディベートの流れを理解させるため、またどんな反論や質問が出てくるかを洗い出して思考を深めるために、このディベート・ドラマを活用してもよい。

D. 構成上の工夫

・裁判形式は、肯定＝検察側、否定＝弁護側、ジャッジ＝裁判官・裁判員と役を割りふれるので、ディベート・ドラマが作りやすい。

▶発展

・総合的な学習や社会科・地歴公民科。

「原子力発電所の設置の是非」 例えば、推進派の電力会社を肯定側、反対派の地元住民を否定側としてドラマを展開する。

・国語で森鴎外『舞姫』の学習。エリスを捨て不幸に追いやった主人公の太田豊太郎を裁判にかける。豊田郎の行為は有罪か無罪かを裁判劇に制作し発表する（このテーマについては、岡山県立倉敷商業高等学校の槇野滋子の授業実践がある）。

（編集委員会）

[参考文献]
1. 渡部淳（1993）『討論や発表をたのしもう ディベート入門』ポプラ社 146頁〜161頁
2. 渡部淳（2001）『教育における演劇的知』柏書房 117頁
3. 鈴木勉（2006）『ディベート（図解雑学 絵と文章でわかりやすい！）』ナツメ社
4. 武田顕司（2014）『ネコと学ぶディベートの本 日本一やさしいディベートの教科書』デザインエッグ社

実践 28 | ディベート・ドラマ

ドメスティック・バイオレンス殺人未遂事件

1.実践の条件

　ここで報告するのは、高校2年生の総合的な学習の時間の取り組みである。「模擬裁判」講座の受講生30名（男子17名　女子13名）が、18時間のプロジェクトに挑戦した。

　前任校である倉敷青陵高校の総合学習では、7クラス280名が、11の講座の中から興味・関心や進路志望によって各自1つを選び、週1時間で10月〜2月の5カ月間、フィールドワークや調べ学習を行った。

　本講座の目的は、裁判の仕組みを学ぶことだが、同時にテーマを深く考え、相手の考えにも耳を傾けることである。以下のように、全18時間におよぶ実践のうち、ここではディベート・ドラマとして行った法廷場面に絞って報告する。

授業の流れ

　自己紹介と活動の流れの説明（1時間）⇒裁判についての学習（5時間）⇒調べ学習（1時間）⇒DVDの視聴（1時間）⇒外部講師の講義（3時間）⇒ディベート・ドラマの作成と練習（6時間）⇒ディベート・ドラマの上演（2時間）⇒活動のふりかえり（1時間）

2.準備作業

　裁判の設定は、外部講師の弁護士から提供された、「ドメスティック・バイオレンス殺人未遂事件」を踏襲したものだ。

A『登場人物』

　(妻) 理香

　子連れでバツイチ

（夫）幹雄

理香と結婚後、失業

酒量が増え、暴力をふるうように

（理香の連れ子）一郎

事件の3日前に幹雄に酒瓶で

殴られ、入院中理香から他の男への「暴力をふるわれるので、殺してでも別れたい」というメールを見つける

B［事件のあらまし］

幹雄が自宅で酒を飲んでいる。

理香が病院から戻り、台所仕事をする理香と幹雄が口論、理香は暴力をふるわれる。

抵抗した理香が幹雄の腹を包丁で刺し、全治2ヶ月の怪我を負わせる。

C［裁判のテーマ］

理香は殺人未遂で有罪か、正当防衛で無罪か

　検察側、弁護側15人ずつ、2つのグループに分けた。役割は検察官、証人、弁護人、被告である。

　模擬裁判の場面では全員が役を演じることはできないが、準備段階では全員で協力することとした。

　まずは渦中の人物、「理香」と「幹雄」のキャラクタリゼーション（その人物の人となりの構築）である。生年月日・出身地・性格・事件が起こるまでの人生などをグループ内で相談した。決まった内容はドラマの中で矛盾が起きないよう、グループを越えて30人全員で共有する。

　その後、おのおのの立場で事件の「真相」を考えた結果、一番の争点が浮かび上がってきた。ポイントは「被告に殺意があったのか無かったのか」である。両グループは、各々の「真相」の正当性を主張するとともに相手の「真相」に対して反論しなければならない。

　ここからはいよいよグループごとに、ディベート・ドラマの台本作りであ

る。相手チームに知られないよう注意しながら、自分たちの主張と相手への反論にあたる、冒頭陳述・証人尋問・被告人質問作りに取りかかった。事件現場を再現し、どんな風に二人が争ったのか、あれこれ動いてみる。どんな質問をしたら相手を追い詰め、自分たちの主張の正しさをアピールできるか考える。「あ、いいこと思いついた!!」何やら作戦があるらしい。

　ほぼ台本ができあがった段階で、出演者を絞り込む。すると、「司会する人もいていいんじゃない?」「冒頭陳述のパワーポイント作ろうよ。本番はその映写係になればいいよ!」との声が上がる。裏方を買って出る生徒もいて、チームワークはしっかりできているようだ。

3. 発表の場面

　いよいよディベート・ドラマ上演の日。会場の体育館に2年生全員が集まり、「裁判劇って、何!?」という顔でフロアに座っている。裁判官役をお願いした外部講師の弁護士さんに中央に座っていただき、一気に体育館は法廷に変わる。

　司会の進行で「ドメスティック・バイオレンス殺人未遂事件」が開廷。検察側・弁護側の順で、冒頭陳述を読み上げる。同時にパワーポイントで説明や図が映し出されるので、両者の主張の違いが目でも確認できる。

　裁判のクライマックスで、被告人が登場。演ずるは、演劇部で活躍中の女子生徒である。弁護人の質問に対する次のような発言で、場内の雰囲気は一気に被告側に傾いた。

被告 (理香)「……幹雄さんが失業してからの生活費や酒代にも、私の貯金を少しずつおろしてあてていました。携帯のメールは気の迷いです。夫を愛していたので、離婚を本気で考えたことなんてありません!!　だから、息子のケガも病院には交通事故だと言いました。事件の時は、幹雄さんがひどく酔ってて、私におそいかかってきたんです。必死に止めようとしたら、持ってた包丁が刺さってしまって…殺そうなんて、ちっとも(泣)……」

　演劇部の面目躍如といった名演技に「すげえ!!」「なんか、かわいそう……」との声が漏れる。

続いて、対する検察側は「おどろきの質問」を被告にぶつける。
検察「事件の時の2人の位置を再現しますから、それを見ながら答えてください」
被告(理香)「えっ……」
検「(被告に酒ビンを振りあげるポーズをして)こんな感じで幹雄さんは来たんですね?」
被「は、はい…でも突然なのでハッキリは……」
検「(もう1人が、包丁を握って止めるポーズをして)でもこんなふうに、幹雄さんを止めようとしたんでしょう?」
被「は、はい……」
検「(静止した2人を指し示しながら)この位置からして、幹雄さんのワキ腹にあなたの包丁が『たまたま刺さった』というのは、考えにくいんですよ。しかも全治2ヶ月の重傷ですよ」

犯行時の被告人の動きについてのこまかい質問と実演で、「たまたま」ではなく完全に「殺意があった」と強く主張したのだ。検察側の「犯行時の再現」作戦はまんまと当たり、被告に対する同情ムードだった場内の雰囲気が、「確かに『たまたま』じゃあんなに刺さんないかもな……」に変わった。

続く最終弁論の後、生徒たちは各教室に戻り、クラスごとに判決を出してもらった。その結果は、7クラス全てが「有罪」であった。あるクラス担任に聞いてみると、中には被告役の名演技に感動して「無罪」判決を出した班もあったのだが、殺意を実演で立証しようとした検察側の主張に納得した「有罪」判決が多数であったとのこと。「いずれにしても、みんなすごく真剣に話し合っていましたよ。『模擬裁判』講座の生徒たちの頑張りに刺激されたみたいです」との、嬉しい報告を受けた。

4.生徒／教師の変容

　「事件について考察していくうちに、『物事を多面的に見ることの大切さ』をひしひしと感じるようになりました。どうすれば裁判員に納得してもらえるかを模索し、そこで思いついたのが、『法廷で犯行時の動きを再現してみる』ことでした」。検察官役をやったこの生徒は準備のプロセスの中で、自分達の考える「真相」を説得力を持って裁判員に伝えようと懸命になっていった。そして「実演による犯行時の再現」にたどり着き、結果的に多くの裁判員を納得させることに成功している。

　また被告役の演劇部の女子は、こんな感想を述べている。「法律や裁判について考えることなどありませんでしたが、真剣な話し合いに参加し、みんなの意見を聞くうちに、『どんな事件も、他人事ではない』と感じるようになりました。これからは、裁判や法律、社会にきちんと目を向けるよう努力していこうと思います」。このように、社会と自分とのつながりを実感するに至っている。

　さらにディベート・ドラマを観た生徒からも、「弁護側、検察側、双方とも納得できる説明をしており、判決を下すときはとても悩まされた。弁護する人・その逆の人・判決を下す人の3つの角度から見ていくのは、『真実』が何かを見極めるのにとても大切なことだということが分かった」といった感想が寄せられた。目の前で繰り広げられたディベート・ドラマで、「真実」の追究についての考えが深まったことが分かる。

　もう1つ「生徒の変容」として特筆したいのは、ディベート・ドラマ作りから上演までの過程で、教師が指示や命令をする必要はほとんどなかったこ

とだ。受講生は、必ずしも主体性や創造性に溢れた者ばかりではなかった。しかし、いったん取り組みが始まると、ほとんど全ての局面で自らアイディアを出し、自分らしさを発揮して、ディベート・ドラマに参加していった。彼らの変容が、ドラマ活動がいかに生徒の『自らを動かす力』の育成に効果的かを物語っているようだ。

5.ふり返りの視点

　ディベート・ドラマは、ディベートとドラマの「いいとこ取り」だと改めて実感している。ディベートで求められるのは「客観的な分析と論理性、聞く力」、一方ドラマ作りに欠かせないのは「主観的・感情的な（自分にひきつける）姿勢」である。位相の異なるこれら2つの要素が融合されることで、参加者それぞれが主体的・意欲的にテーマについての深い考察をするようになる。それが、ディベート・ドラマの魅力なのだ。

　今回の取り組みの題材は、DVに殺人未遂である。そのため刑事事件としてのリアリティはあったが、ディベート・マッチのテーマとして一般的な「現代社会の諸問題」ではなかった。今後はもっと社会的な課題を題材に選び、それらの解決に向けたドラマ作りにも挑んでみたい。また、裁判形式以外でのディベート・ドラマの可能性についても考えたい。

　　　　　　　　　　　　　　　　　　　　　　　　　　　（槇野滋子）

解説 29 ダンス

▶定義

音楽に合わせて体を動かすものから、自分の身体の内面と向き合うものまで幅広くダンスと考えることができる。ここでは言葉にして説明することができないと感じられるような「印象」や「心の動き」を身体に語らせる活動と、とらえる。

▶ねらい

動いているときの感覚や、運動を見て感じとるイメージの共通性と個性を同時に体験させることができる。発表を通じて、またグループ活動の場合には共に動きを創作してゆく過程でも、物事を見る視点や感性を交流することができる。感情、顔や身体の表情、動き、そしてこれらの関係に自覚的になる。進んだ段階では、関係形成や課題発見のための技法として活用できる。

▶手順

(1)十分な心身のウォーミングアップをおこなう
(2)テーマを決める
(3)実際に動いてみる
(4)全体の構成を考える
(5)発表する

▶活用のポイント

A.テーマの設定

課題は、表現する内容の主題（自然現象や社会現象、思想、感情など、理論的にはすべてを主題にできる）でも、動きの種類やその組み合わせ、小道具などの動きの条件でも、またイメージを引き出す音楽、絵画などでもよい。

走る、跳ぶ、転がるといった動きの種類やその組み合わせでは、それを「どんな風に」動くかを工夫することができる。例えば「強さ」「速さ」「直線的か曲線的か」などが考えられ、「強く＋速く」×「転がる」や「ゆっくり＋軽く＋曲線的に」×「走る」などと組み合わせることもできる。

「身体モード」に重点をおいたプレゼンテーション

動きを誘発する小道具として新聞紙、布など、色々なものが活用できる。そのものの動きを模倣する事や、それを動かそうとする時の身体に注目する媒介として用いる他、○○のように、と見立ててイメージを広げることもできる。

B. 構成上の工夫

　短いまとまりの動きで完結する場合と、これらをいくつか組み合わせて、大きな流れを構成する場合とがある。いずれも、普段の自分から表現に入ったことを明らかにする「はじめ」、主題となる動きの部分である「なか」、表現を集結させる「おわり」を意識化し、ひとまとまりのスケッチや作品とする。

C. 制作上の留意点

　具体的に動いてみて初めて、その時に自分がどのように感じるかがわかるし、それをお互いに見合うことによって、観客にどう見え、どう感じられるかがわかるので、実際に動くことが大事である。その中で更にテーマを深めていく。この繰り返しがとても重要となる。

　練習の際、鏡の使用が客観性をもたらすとは限らないので、練習形態には注意が必要である。説明的な動きにこだわりすぎると、ダンス特有の感覚を意識しにくい。また、あまり早い段階で感情の表現を主題にすると、生活の中で使われる慣習的な身体動作(悲しい＝エーンと手を目にあてて泣く仕草など)での置き換えが起こりやすく、オリジナルの動きに発展しにくい。

　一人でも、複数でもおこなうことができる。また、複数の方が効果的な表現に結びつくテーマもある。

▶応用

　音楽は必ずしも用いなくてもよいのだが、一方で、音楽から受けるイメージを動きにしていくことも面白い。また音楽は、動きの長さのめぼしをつけるのに役立つ。

　照明、衣装、タイトルなども表現の重要な一部となる。可能な場合には、これらを用いた総合的な演出を考えたい。

（八木ありさ＋編集委員会）

> **実践** **29|ダンス**

身体で中空にイメージを描く

1.実践の条件

　ここで報告するのは、女子大の体育学部健康スポーツ学専攻の必修科目「ダンスファンダメンタル」(2年次後期)の授業、学生にダンスの基礎的理解を得させる科目である。リノリウムを敷設したダンス場が会場になる。

　15回の授業を通して、以下のような課題を設定している。①仲間と楽しくからだを動かしながら、生活や競技の中では意識に上らないような身体部位やイメージの動きを試す。②ダンスの基本技術を習得しながら、音楽やテーマにあった動き方ができるようにする。③課題曲の一部分をグループで創作し、1曲を通して発表する。

　今回は4回目の授業だが、ダンスの動きには制約というものが無いこと、またそのときの気分にあった自由な動きをすることが、かえって心の交流につながることを体験してもらうことになる。

　受講生は約40人。彼女たちのダンス経験はごく少ない。球技、陸上、水泳など様々なスポーツを専門にしている学生たちだが、だからといって、身体を使ってプレゼンテーションをするのが得意だという訳ではない。彼らにとってダンスは、自分の専門競技でスキルを発揮するのとは全く異なるものだからである。まして発表となると、恥ずかしさが先にたって、なかなか闊達には動けないのが実情である。

　尚、卒業後の主な進路は、教員、警察官、地域スポーツ指導者、スポーツ・ジム・インストラクターなどである。

2.準備作業

(1) 多様な動き方を経験する（約10分）

　まず「利き手で空中に円を描く」ことからはじめる。「頭のてっぺんで、空の果てに向かって、ゆっくり大きく円を描いてね」と指示する。「うん、い

いですね。じゃあ、今度は、自分の背後にカンバスがあると想定してみましょう。そのカンバスに、背中を使って、素早く強く、四角形を描いてください」と続ける。こんな風に、身体の色々な部分を使って様々な図形を描いてもらう。

見ていると、はじめは指や手腕だけで平面的な図形を書いている学生が多い。ただ、色々なパターンを試すうちに、身体の勢いがどんどんましてきて、図形を崩すなど、動きが自在になってくる。

(2) **マイ・シグネチャーの創作**(約7分)

「じゃあ、いったん座ってください。ここからマイ・シグネチャーに移ります」と宣言する。マイ・シグネチャーというのは、わたしの造語である。簡単にいうと、好きなひらがなを一つ、あるいは名前の中のお気に入りの漢字一文字などというように、何か文字を選んで、その文字を、身体で中空に描くアクティビティのことである。

学生が余興でやる「尻文字」みたいに"形を正確になぞる"のが目的ではない。文字を思い描き、描いたものを自由に身体で表現する。まずサンプルとして、それといわずに「あ」という文字で動いてみせる。横へステップすると同時に、頭がすっと横方向に動き、膝の屈曲を使ってからだを低くしながら上体を4分の1ほどゆっくり捻り、さらに頭と両腕をばらばらに大きくスイングする。

ドッと笑いがおこる。「え～っ、難しいなぁ！」「無理～」「それって、自由に動いていいっていうことですか？」「なんでもいいんじゃない？」などの声が聞こえる。もちろんどんな文字を選んでもいいし、どんな風に動いても構わない。今の「気分」にあった動きでシグネチャーを創るところがポイントなのだ。

ただし、条件が一つだけある。はじめは自由に試しながら、最後には即興ではなく、繰り返し同じように動けるようにするということだ。「さあ、はじめてください。」動きがシンプルなせいだろう。漢字でもひらがなでも良いといってあるが、「ま」「ひ」などひらがな一文字をとって、動いている学生が多いようだ。早くに動きを決めてしまって、周囲の様子を眺めている人がいるかと思えば、なかなか動きが思いつかないものもいる。

「身体モード」に重点をおいたプレゼンテーション

(3) マイ・シグネチャーを描きとめる (5分)

　みんなの動きができたところを見計らって、クレヨンとB4判の紙を、人数分配る。マイ・シグネチャーの動きを白紙に描いてもらうのだ。ただ、ちょっと分かりにくいようで、「自分がやった字を書くんですか?」と聞いてくる人もいるが、そうではない。文字としての形にこだわらず、速さや遅さ、強さや弱さなどを意識して、動きをトレースするのである。意識の流れといっても良いだろう。もちろん線が細くなったり、太くなったり、かすれたりというのでかまわない。

 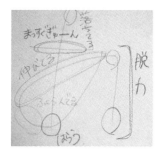

(4) 動きの感覚に注意を向ける (3分)

　自分の動きを意識化する作業もして欲しい。それで出来上がったクレヨン画の該当部分に「速い」「ゆっくり」「大きく」などの言葉を書きとめてもらう。1つでもいいし、全くなくても、あるいはたくさんあってもよい。場合によっては「強い＋速い」のように組み合わせにしてもかまわない。

3. 発表の場面

動きのプレゼンテーション (5〜7分)

　いよいよプレゼンテーションだ。パートナーに自分のシグネチャーをみせる。「それじゃあ、まずは近くの人とペアになってください。相手が決まったら、お互いの動きがよく見えるように、適度な距離をとってください。そして、3回同じ動きをして、みせてあげてください」と声をかける。1回ずつきちんと区切って、繰り返してみせるところがポイントだ。

　「パートナーの人は、相手の動きから受け取った「感じ」を、さっきお渡ししたもう1枚の紙に描いてください。何の文字なのかを当てるのが目的では

ありません。描き終わったら、さっきと同じように、よく感じとることができたと思う動きの特徴を、言葉で書き込んでください」と指示する。当然のことだが、自分の動きを自分でトレースしたときとは、逆の方向から描くかたちになる。

　どうにも照れくさくて、立ち上がりざまに動いて、いつ終わったのか分からないまま座ってしまうというように、始めと終わりをはっきりと見せられない学生もいる。それでも「へぇ〜、面白いねぇ」とか「すご〜い！」という賞賛の言葉があちこちから聞こえてくる。

　あとから聞けば「ん」だというが、勢いよく前屈をしながら髪の毛を振って頭を大きく下に動かしたり、振り上げたりしながら後ろに下がる動きしているものもいれば、高い位置でサッカーのヘディングのような動きをして濁点を表現しているものもいる。

描画の交流とふり返り（10分〜）

　両者の発表が終わったところで、お互いが書いたクレヨン画を見せ合い、感想を共有する。「あ〜っ、全体に何となく似ているね！」「この辺りだけはぴったり同じだ。」「うわっ、全然ちがう。ずいぶん違って受け取られるものなんだな…。」と様々なやり取りがあって、ひとしきり活気づく。

　学生にコメントしてもらったら、まず「すごく難しかったけど、相手の考えていることがわかって、とても楽しかったです」という感想がでた。なれていないと、自分で動きを生み出したり、動きの質を捉えたりする課題を難しいと感じてしまう。ただそれと同時に、発表を通じた交流が楽しい、表現がもたらす影響が興味深いとも感じてくれたようだ。

　また、「自分で感じていることと相手が感じていることが違うので面白

かった」「表現しているのを見て受け取るイメージも違ったりして面白かった」「ひらがな一文字だけど、その人らしさがでて面白い」というように、違いを楽しんだというコメントもたくさんでた。「ありのままの自分」を表現できる自由さ、仲間の個性の発露に出会う楽しさが経験できたようである。

4.学生／教師の変容

　自由に表現したり、自分の感覚に集中したりすることへの抵抗感がなくなったせいだろう。翌週から、あきらかに授業の活気が増した。グループ創作の場面などでも、まず動いてみて確かめよう、という姿勢が見えるようになった。

　コメントシートに、「どれがよいとか悪いとかではない」「価値観の違いを肯定する指導が大切」などのような意見が多くあり、自分が教育する側になったとき、どうダンスを指導するのか、その視点に対する理解も進んだようだ。

5.ふり返りの視点

　授業中のわたしの観察とコメントシートの記述に落差がみられた。「あまり動いていないなあ」と思ってみていた学生が「全身を使った」「思い切りできた」と書いている。これが表現体験の妙だろう。教師自身のふり返りの大切さを実感した。

　ダンスの訓練を受けた学生のための専門科目「ダンスセラピー論」でも同じ課題をやっているのだが、こちらのコメントには、ダンスの特性の理解に関わるものもみられる。例えば、自分の動きに「行きたいけど行けない感じが如実にでていて、自分でそれを受けとめるのがちょっと苦しかった。（そのことで）内面を浮き上がらせるというダンスの基礎となる部分をとても感じた」というコメントなどがそうである。

（八木ありさ）

解説 30 パフォーマンス

▶定義

ここではパフォーマンスを、ほぼ言葉を使わずに身体表現の比重の高い表現活動ととらえる。ダンスよりも幅広い身体活動と言える。

▶ねらい

この活動では身体の動きで表現することによって、自分あるいは他者の内面を深く体感する。また表現をダイナミックにすることで、見る人にインパクトを与える。言葉を使えない制約の中で、表現の仕方を工夫したり、集団で動きをそろえたりするなど、表現のむずかしさと楽しさを味わうことができる。テキスト、あるいはリサーチをパフォーマンスにするときは、表現することで、読みや、対象への理解を深めることができる。観客にとっては、身体のみで表現されるため、より創造力が刺激されることになる。

▶手順

(1) 話し合いながら、表現の仕方を考え、構成・演出を決定する。
(2) 動き・振付や、役割分担を決め、練習する。
(3) 発表する。
(4) ふり返りをする。

▶活用のポイント

A. パフォーマンスの例

パフォーマンスの定義は広く、ダンス的なものにも、演劇的なものにもできる。いくつかの例をあげてみよう。

(1) 道具をつかわず、キャッチボールをする。ボールをしだいに大きなもの、大切なものなどに変化させたマイムをする(大なわとび、つなひき)。
(2) 意味のない言葉(ジブリッシュ)を使い会話をして、だんだんわかりあっていく。
(3) 舞台上を集団で、音楽に合わせ、歩く、走り、見知らぬ都会に来たことを表現する。

(4)「拍手回し」をスピードを変えたり、感情をつけくわえた演技をした拍手にしていく。
(5)お盆などを3、4人でいっしょに指で支え、それを落とさないように音楽に合わせ、動いていく。

　こういったこともプレゼンの合間にはさむ、舞台上での動きに変化を加える、音楽や照明を使うなどの構成の仕方によって、ある意味や感情を伝えられる。言葉を介さない分、かえって抽象的な表現ができる。

B. アドバイス
・照明や音響は効果的であるが、大がかりなものばかりではなく、ラジカセ1台、部屋の照明のオン・オフだけでもよい。
・大人数の場合はディレクター、振り付け、グループリーダーなど組織をつくる。
・正解はないことを生徒たちに伝えておくと、表現へのプレッシャーが減る。
・はじまりと終わりを明確にし、その間を効果的に構成する。
・完全に即興でやる、おおまかな流れだけ決めて即興的な部分も残す、完全に決めてやる、など、目的内容、時間に応じて、即興の度合いを変えるとよい。
・ストーリーなど具体的なものを表現するのでもいいし、抽象的な表現でもいい。はじめは具体的なものがやりやすい。
・音楽を使うと効果的である。既存の音楽でもいいし、自分たちで楽器を演奏してもいい。打楽器や声などもふくめた即興演奏でもいい。
・時間をかけすぎると、いいものをつくらなければとよりプレッシャーがかかる。短い時間にして、そんなにいいものをつくらなくても大丈夫だよと声かけをするのも有効である。
・

C. 活用の場面
・体育祭の応援合戦
・障がい者と健常者とでいっしょにつくるダンスパフォーマンス
・歴史の一場面をつくったり、細胞分裂の様子をつくったり、教科内容とつ

なげる

► **発展**

・スローモーションを活用することもできる。
・フリーズ・フレームから発展させるとスムーズにつくることができる。
・言葉をつかわないため複数のグループが同時に発表することもできる。その場合には、共通の音楽を使うなど、パフォーマンスの長さをそろえておく。
・ダンスそのもの、ダンス的なもの、合唱などと組み合わせていくこともできる。

（高尾 隆＋編集委員会）

[参考文献]
1. 高尾隆（2006）『インプロ教育：即興演劇は創造性を育てるか?』フィルムアート社
2. 高尾隆（2012）中原淳『インプロする組織　予定調和を超え、日常をゆさぶる』三省堂

実践 30｜パフォーマンス

メロスになって走ってみる

1.実践の条件

　本報告は、東京学芸大学大学院の「表現教育実践論演習C」の様子である。この演習は「新教員養成システム」（学部、大学院の6年一貫コース）の必修科目になっている。参加型、双方向型の学習方法について学ぶべく、受講者が演劇的手法を用いて教科の授業案をつくり、それを使って模擬授業をおこなう。

　夏の4日間の集中授業は、初日と2日目の午前中を使ってファシリテーション実習と授業プラン作成法のガイダンス、あとの2日半で、授業開発と模擬授業に挑戦するプログラムである。今回の受講者は、5名（男子3、女子2）。英語、国語、書道、臨床心理など専門はいろいろだが、いずれも学部時代から、演劇的手法を用いたゲームや表現活動を体験している。

　ただし、ここで報告する「走れメロス」（太宰治作、中学2年生の教材）の授業は、院生ではなく、筆者自身が開発したものである。2日目の午前に、授業プランの一例として院生に提示し、4日目の午後のセッションで、実際に行ってみたものだ。

　このプランの特徴は、本書「23 フリーズ・フレーム」からスローモーションに展開するパフォーマンスを経験するなかで、出来事の流れ・登場人物の心理の流れを、学習者に十分に味わってもらうことにある。パフォーマンス発表をつくる過程で、教材の読みがどう深まるのか、それが実践のポイントになる。

2.準備作業

　先述した通り、受講者は、2日目の午前中にテキスト資料を読み、私の授業プランについても説明を受けている。さらに本番にむけて、パフォーマンス発表の間、バックミュージックとして小さく流しつづける音楽を用意した。（この日は、マーラーの交響曲第6番「悲劇的」を使った）。

「身体モード」に重点をおいたプレゼンテーション

集中授業の会場は、芸術館2階のワークショップ・スペースで、ここに人数分の机や椅子を運び込んで、いつでもワークショップに移行できるようにしつらえてある。

　当日は、受講者5名に、女性現職教員の卒業生1名がゲストとして加わり、男女同数で実施した。この6名には、自分が中学2年生になったつもりで、模擬授業に参加してもらうことになる。

　私のプランでは、メロスが村から城にむかう物語の後半場面を、生徒が2段階で経験する。第1段階が、フリーズ・フレーム、第2段階がスローモーションの技法を使うものだ。ワークショップの時間は30分ほど、これにふり返りの時間を加え、50分授業の枠に収まるように設計した。

3.発表の場面

　最初に、物語の後半部分を、もう一度みんなに読み直してもらう。実際の教室でやる場合も、すでに全体的な読解が終わっていると想定しているからだ。

　次に、メンバー6人に、3人ずつの小グループに分かれてもらった。Aチームが、国語(男)、英語(女)、書道(男)の3人。Bチームが、国語(男)、心理(女)、卒業生(女)という構成になった。

　第1の課題は、メロスが村から城に向かうまでを、4コママンガ風にフリーズ・フレームでつくることである。コマは4コマより多くなってもいい、時間は5分程度と注文した。さすがに手慣れたもので、どちらのチームも、見る間にコマが十数個に なった。できあがったところを見計らって、お互いにフリーズ・フレームを見合う。

　例えばAチームの流れは、以下のようになった。メロス役を国語の男性、他の二人がその他の役を分担している。

　「川の氾濫のシーン」では、上半身を前に倒して川を表す二人。その傍らでメロスが両手を合わせゼウス神に祈っている。次の「山賊に遭遇するシーン」では、メロスは右の拳を高く突き上げ、そのそばで二人の山賊が地面に倒れている。「セリヌンティウスのもとにたどり着くシーン」では、すでに磔にされているセリヌンティウスの足にメロスがしがみついている。王がそ

れを離れたところからながめている、という具合だ。
　これに続けて、第2の課題をだした。それは、フリーズ・フレームでつくったコマの間をスローモーションでつないでいくこと。ただし、セリフは一切なし。準備時間は、ここでも5分程度である。どんどん相談がすすみ、どちらもその際、セリフはつかわないこととし2分ほどのパフォーマンスができたところで発表してもらった。
　例えばBチームのパフォーマンスは、いろいろな小道具を用意した点が特徴である。メロス役はこちらも国語の男性、他の役を女性二人がやる。
　メロスが村を出発し、気持ちよさげに歩いている。すると、目の前に氾濫している川が。ここで二人が、2メートル近い黒い布の両端を持って上下に大きくゆさぶり、荒れる川を表した。メロスはそれを見て驚くが、よしと決意して、荒れ狂う川をさぶさぶと泳ぎ切る。
　次の場面では、川をやっていた二人は棒を手に取って、山賊になる。メロスに棒で殴りかかる山賊。メロスは、山賊の、棒を奪い取って殴り返し、山賊を倒す。しかし、疲れから、地面にひざをつき、そのまま寝転んでしまう。両手、両足を投げ出して、大の字になって寝転がり、顔はどうでもいいやという表情。
　しばらくすると、先ほどの二人がふたたび布の両端を持って登場。一人が立ったまま高く腕を上げ、一人が低い位置にうずくまって小さくゆさぶる。岩の間から流れるわき水の表現である。メロスはわき水に近づき、水の前にかがんで、両手で水をすくい、飲む。すると瞬く間に回復し、すっと立ち上がる。そしてメロスは走り出す。
　道行く人たちをかき分けながら走っていると、うしろをついて走ってくる人がいる。セリヌンティウスの弟子である。弟子から状況を聞きながら走り続ける。そして、ついに門の前にたどり着く。門は向き合わせて置いた二つの椅子である。門の外にたったメロスが、手を口に当て、自分が到着したことを大声で叫ぶ。門を入ると、磔になっているセリヌンティウスがいる。メロスはその足にすがりつく。

4.院生／教師の変容

　今回の「走れメロス」の授業プランの特徴は、パフォーマンスを経験するなかで、出来事の流れ・登場人物の心理の流れを、学習者に十分に味わってもらうことにある。それについて受講者がどう感じたのか、検討会での彼らの発言からまとめてみる（「　」は受講者の発言）。

　まずパフォーマンス発表についてだが、最初の気づきは「フリーズ・フレームをつくるときには人物の行動に焦点化していくのに対して、パフォーマンスをつくるときには、その行動の間を埋めてつないでいくために、人物の感情や思考に焦点化していくという、技法の特長のちがい」であった。「フリーズ・フレームにするときにはばっさりと切ったメロスがすごく考えている場面」に長めの時間を使うことができたそうだ。

　また、パフォーマンスにすることで、映像として文章を読むことができるため、理解もスムーズにすすみ、「読むことが苦手な子どもでも取り組みやすくなるのではないか」という。

　演じて味わうという点では、メロスを演じた院生から興味深い指摘があった。文章を読んだ段階では、メロスに対して「ちゃんと走れよ！」と腹立たしい気持ちだったが、パフォーマンスにしてみることで「そりゃあつかれるわ、寝っ転がって考えたくもなるわ」と見方が変化し、メロスにはあまり腹が立たなくなったそうだ。演じることで、メロスの気持ちの流れが見えてきたらしい。

5.ふり返りの視点

　今回は、少人数でしかもワークショップ形式の授業になれた院生が相手の模擬授業である。かなり特殊な環境での実践と言える。ただ、やってみて、パフォーマンスにすることが読みを深めるうえで大きな効果を発揮することをあらためて感じた。参加者から「本文を読みながら体を動かしているうちに、自然と読解が頭の中で行われていく」という発言があったが、身体を駆使して読みを深める活動を楽しくできること、それこそがパフォーマンスを導入するメリットであろう。

（高尾　隆）

コラム5 聴き取りやすいスピーチのために

話す速度を意識する

　聴き取りやすいスピーチのスピードは1分間に300字〜350字と言われています。このスピードで話してみると、ふだんの会話よりかなり遅いことに気がつきます。聴き取りやすいスピーチの第一歩はこのスピードになれることです。教科書の音読なども時間を意識しながら行いましょう。「ぴったり1分で」とか、「わざとゆっくりと」とバリエーションを加えると、話すスピードの意識が高まります。

滑舌の練習に「早口言葉」を使う

　よく滑舌の練習に「早口言葉」が使われます。口や舌の動きが微妙であったり、変化が大きいと言い間違ってしまうことを利用した遊びが「早口言葉」です。早口言葉は早口でいうのではなく、ゆっくりと発音して、舌、空気のあたるポイントなどを確かめてから「ゆっくりと」練習をすると効果的です。

声の表現のバリエーション

　声の表現にいろいろなバリエーションが出せると、聞き手も聴き取りやすいですし、話し手も工夫をこらすことができて、モチベーションがあがります。

　声は①「大・小」②「速・遅」③「間の長・短」④「高・低」⑤「声色」といった5つの要素の組み合わせで多様に表現ができます。例えば、原稿の大事な部分で「少し大きめの声で、ゆっくり、キーワードの前に間をとろう」とすると、三つの要素を組み合わせたことになります。

　コントロールや表現がしやすくスピーチで使いたいのは、①、②、③です。とくに、③の「間」を意識するだけでも、効果は大きいものです。「間」には文節、一音、対話の三つの間があります。

　文節ごとの「間」（例「アフリカ大陸は……想像以上に過酷でした。」）は、聞き手に一瞬の考えるすきを与え話にひきこむことができます。一音一音の間、（お・も・て・な・し）といった間はその言葉への印象づけができます。対話における間は、話者2人の関係性をしめすことができます。

　間や声の大小、遅速などを原稿に書き込んで練習していくと、話の中心テーマ、訴えたいこともうかびあがってきます。

（宮崎充治）

コラム6 メディア・リテラシー

　プレゼンテーションは楽しい活動です。例えば、自分も故スティーブ・ジョブズ氏のようになりたいと思い、PCプレゼンソフトのスライドなどの資料作成に凝り過ぎてしまう人も少なくありません。しかし、そのようにして作成した資料は独りよがりになっている可能性もあります。

　良い発表とは内容が豊かなだけでなく、さまざまなことに対する配慮がなされているものです。以下に注意するべき点をいくつか紹介します。

著作権を守りましょう

　先ずは他者の著作権を尊重する必要があります。例えば、内容の信ぴょう性を高めるために公的機関の統計資料などを用いることがあります。その際は、できるだけ最新のものを使用し、出典を明示します。

　出典の記し方にはAPAやMLAなどのさまざまな方式があります。いずれにせよ、著者名やタイトル、出版社、インターネットのアドレス(URL)など、聞き手が検証するのに十分な量のデータを示す必要があります。また、写真や映像などを用いると表現の幅が広がりますが、撮影者や写っている人物あるいは版権所有者から承諾を得た上で使用します。必要に応じて、ぼかしを入れる場合もあります。

情報機器の操作に習熟しておきましょう

　スマートフォンの普及に伴い、生徒はPCを使わなくなっています。生徒がPCやプレゼンテーションソフトの操作法にどの程度習熟しているかはあらかじめ把握しておきましょう。電源の入れ方や切り方、ファイル操作、タイピング、プレゼンソフトの操作法などの操作法から指導するのは現実的ではありません。

　プレゼンソフトを利用する場合、プロジェクタの解像度を確認しておきましょう。PC側がワイド画面でもプロジェクタ側の画面が3：4の場合、表示に狂いが出てしまいます。

　解像度が分からない場合は3：4にしておいた方が安全です。

　また、発表時に使うPCでスライドを作成しましょう。作業用のPCが別にある場合は、OSやプレゼンソフトのバージョンだけでなく、インストールされているフォントも確認します。バージョンなどが異なる場合は、古い方に合わせて保存しましょう。アニメーションなどの効果を用いない発表であれば、PDFというファイル形式に変換して使用する方が無難です。

気軽に修正したり、スライドの順番を入れ替えたりできるのがプレゼンソフトを使う魅力です。早めにリハーサルを開始して、修正するための時間が取れるよう指導しましょう。

聞き手にやさしい発表にしましょう

スライドのアニメーション効果は最低限に控えましょう。その設定に使う時間があれば、リハーサルに回します。

文字は箇条書きで記します。フォントはゴシック体とし、レイアウトや配色も誰にとっても見やすいか検討します。

スライドを印刷して事後に配布する場合は、その旨を先に告げておきましょう。そうすれば聞き手は話を聞くことに集中できます。また、機器が故障した場合でも資料を配布して発表を続けることができます。せっかく作ったスライドですが、頼り過ぎは禁物です。

その他

スライドがどれだけ凝ったものでも、プレゼンテーションの肝は話し手と聞き手の間で行われる生のやりとりです。話し手は機器の操作でうつむきがちになってしまいますが、できるだけ顔を上げて聞き手とアイコンタクトを取りましょう。

また、話し方にも緩急をつけたり、聞き手に問いかけをする必要があるのは、単なるスピーチなどと同じです。また、指示棒やレーザーポインタがあると伝わりやすくなります。

（和田俊彦）

第3部

応用編

1 | お天気さいばん
お天気のかみさま、おねがいきいて!

1.実践の条件

　ここで報告するのは、私立成蹊小学校2年生の「こみち科」(生活科)の実践である。成蹊小学校は、今年(2015年)創立100周年を迎える学校で、総合学習の長い伝統をもっている。

　この教科の目標は、以下の通りである。
①身の回りの事物、現象に積極的に興味・関心を寄せる子どもを育てる
②感じたこと、学んだことを表現しようとする子どもを育てる
③自分なりの発見や疑問を持ち、継続的かつ追求的に学ぶ子どもを育てる

　学習活動が営まれる様々な学習の「場」を設定し、それぞれの場で活発、かつ深い学びが展開されるように学習を組織し、指導、支援を行うようにしている。

　今回は「梅雨の時候」をめぐっての「劇遊び」を通じて、家庭や地域という社会事象と、身の回りの自然事象についての認識を深めていく活動を設定した。ねらいは2つある。1つは「雨天」という気象状況下の自然認識、社会認識を深めること。もう1つは友だちと協働して表現活動を行う中で、自己認識、他者認識を深めることである。

活動の流れ (7時間配当)

　雨の日に外に出て、雨水の様子や植物や虫の様子を観察する(1時間)⇒雨の日の家の様子、町の様子、自然の様子について気がついたこと、知っていることを発表する(1時間)⇒グループに分かれて、伝えたいことを「劇遊び」にする(3時間)⇒発表(プレゼンテーション)と感想交流(2時間)

クラスの38名の児童を6つのグループ（各6〜7人）に分け、それぞれ3グループずつが「雨ふれチーム」「お天気チーム」となる。

　雨ふれチームは、雨が降って喜んでいる生き物や人の様子を、一方お天気チームは雨が降って困っている生き物や人の様子を演じる。教師が「お天気の神様」役を演じ、各グループの発表を見てそのつど、「う〜ん、なるほど」と言う。晴れ・雨どちらにするかは全グループ終了後に判定を出す。

　発表は、劇遊びとして展開する。だいたいの流れは決まっているものの、台詞などは流動的で、半即興で演じられる。発表時間は1グループ3〜5分である。

2.準備作業

　まずはリサーチである。雨の日に外に出て、雨水の様子や植物や虫の様子を観察する。（できれば、学校で教師が誘導して雨天時の校庭や公園を巡りたい）　それを観察カード、ワークシートにまとめさせる。
次に授業で雨の日の家の様子、町の様子、自然の様子について気がついたこと、知っていることを発表する。

　教室の環境設定として、「こみちボックス」という箱を用意してある。この箱には、児童が「もの」を何かに見立てて表現活動を行えるように、いろいろな物品（新聞紙、ミニフラフープ、レジ袋、大きなカラーのビニール袋、スカーフ、シーツ、トイレットペーパーの芯、ラップの芯など）が入っている。この箱にあるものはいつでも自由に使ってよいことになっている。劇作りではこの箱の中にあるものが、後述するように活躍する。

3.発表の場面

　教室の正面スペースをあけ、グループごとにまとまって座っている。楽しみにしていたよ、という顔、ちょっと緊張気味の子など、ざわめきの中でいよいよ発表だ。

お天気の神様(先生)：さあ、これから『お天気裁判』を開いて、どっちの方が
　　困っているのか、聞かせてもらおう。明日の天気は、この裁判に勝った方

の言うとおりにしてあげようではないか
全員：お天気裁判の〜、はじまり、はじまりー

　『雨ふれチーム』が準備をしている間は、歌『雨ふり』をみんなで歌う。発表と発表の間を歌でつなぐことでタイムマネジメントができ、飽きさせずに次に移ることができる。

・『雨ふれチーム』の「植物グループ」

　毎日、日照り続きで、枯れかかって、苦しんでいる植物が、やっと降り出した雨のおかげで、どんどん元気になる様子を表現。カラフルなビニール傘をあじさいに見立て、花が開く様子を演じた。

植物グループ全員：お願いです、雨にしてください
お天気の神様：うーん、なるほど

　次の『お天気チーム』が準備をしている間は、歌『てるてる坊主』をみんなで歌う。

・『お天気チーム』「郵便屋さん・新聞屋さんグループ」

　突然に降り出した雨で、新聞屋さんや、郵便屋さんは配達する物が濡れて、とても困ってしまう。

郵便屋さん・新聞屋さんグループ全員：お願いです、晴れにしてください
お天気の神様：うーん、なるほど

・『雨ふれチーム』「ダム・グループ」

　アナウンサーが、「水不足のニュース」を流している。ダムの水もすっかりなくなってしまいそうになる。水がなくなるところは、水色の布をひっこめることで表している。雨が降り始めて、ダムの水がいっぱいになる。アナウンサーが「水不足ではなくなったこと」を言う。

ダム・グループ全員：お願いです、雨にしてください
お天気の神様：うーん、なるほど

・『お天気チーム』「明日は遠足グループ」

　遠足の前の日、教室ではみんな、明日の遠足をとても楽しみにしている。このクラスのみんなで行ける最後の遠足なのに、天気予報は雨。

明日は遠足グループ全員：お願いです、晴れにしてください

お天気の神様：うーん、なるほど。さーて、困ったもんじゃのう。明日の天気　は、どちらにしたもんかのう。よぉし、それでは……、明日の天気は○○にしよう！

　この日の学習では、さすがに「明日は遠足グループ」の主張に押される感じで「晴れ」ということにしてしまった。天候は自然の営み、恵みなので勿論、善悪で判断がつくものではない。どちらか一方に決めることには、いつも苦慮している。「ただし、夜からは雨にすることとしよう。夜の間はたっぷり降らせるぞ」とか「明後日は、しっかり晴れにするからね」など、その日以後のことにも触れるようにして納得してもらっている。

4.児童／教師の変容

〈学習内容に関わる感想から見えてくること〉
　「つゆになると、おうちの人たちも、食べ物がいたまないように気をつけたり、せんたくものを、ほす時にこまっていることが、よくわかりました」「はれの日がつづくと、カタツムリがからの中から出てきません。雨をまっている生きものもたくさんいることがわかりました」「えん足とか、うん動会の日は、やっぱりはれてほしいなあ」など、多くの感想が寄せられた。天候によって変化する、我々の家庭生活、影響を受ける町の様子、身近な自然の様子など、今回の学習を通じて、児童の「自然認識」「社会認識」の深まりを実感することができた。

〈学習方法（発表・表現）に関わる感想から見えてくること〉
　「ダムの水がなくなるところを、水色のぬのをつかって表すアイディアを、みんなが、みとめてくれてうれしかった」「アジサイがさくところを、ビニールがさを開いて表げんしていて、すごかった」「生きものたちが、くるしそうで、元気がなくて『本とうに雨がふってほしいな』と思いました」など。互いの発表を見合い、感想を交流する中で、自分が自信を持って表現できたこと、反対にうまく出来なかったことへの気づきが個々の中で自覚されていく。友だちのアィディアへの驚き、小動物の身体表現の豊かさや、教室の中での出来事を再現した生き生きとした表現、傘や布を使った鮮やかな見立て表現

の効果など、自分の豊かさにも気づき、同時に友だち豊かさを認めてあげられる時間が流れていたことが嬉しい。2年生の児童が、その学齢なりの「自己認識」「他者認識」を肌で感じ取っていくが良いきっかけになったと思う。

〈**教師としての気づきについて**〉

　私も、発表場面で神様役を行ったのだが、創作の活動場面から丁寧に寄り添って見てきたので、発表内容についてはほぼ把握していた。しかし、劇遊びは半即興の一回性の要素が強いので、神様役で相対する教師も、その遊びに合わせて自在に変化したり、価値を即座に認めて評価したりしないといけないが、それは結構難しい。教師の側も、半即興的な視覚、聴覚、嗅覚などと同時に、柔軟に「ひらかれた」身体を持ち合わせていることが求められていると、改めて感じた。

5.ふり返りの視点

　今回の学習では、観察したこと、調べてきたことの口頭での発表に加えて、ドラマの手法を取り入れ、「劇遊び」という学習を取り入れた。その結果、知識の機械的受容という学び方を越えて、身体を潜らせることで生まれる「主観的・心情的な理解」を共有することができた。声や身体を交えて目の前で繰り広げられる発表を目の当たりにして「ああ、生き物たちが元気を取り戻して良かったなあ」「外で遊べないなんて、最低だな」「配達の人たちって大変なんだね」「やっぱり、みんなで遠足、行きたいよ！」など、心情的な共感に基づいた理解は、「客観的な理解」の定着をも確かなものにしていくはずである。

　子どもの発想はすごい！　面白い！　今回も子どもから学ぶことが多かった。遊びとして立ち上がってきたものに、いかに「観る側の視点」を与えて、自分たちで整理できるような、適切な支援を送ることができるのか……。指導のコツやスキルは勿論あるのだが、やはり「子どもの表現を面白がる・楽しむ」という姿勢が私にはまだまだ足りない。ともすると、安心できる「型」に導こうとしてしまう。自戒して、さらに心がけていきたいことである。

（林 久博）

2 | 全校で取り組む「国際理解の日」

1.実践の条件

　啓明学園中学校では、約3分の1の生徒が海外在住経験を持ち、在日外国人生徒や海外姉妹校からの留学生も数名いる。筆者は国際交流コーディネーターとしてこの環境を有効に活かしたいと考え、2001年度より、学校行事として「国際理解の日」を実践している。数か月の準備期間を経て、国・地域・世界のさまざまな課題について、生徒が自分たちの力であらゆる視点から調べ、話し合い、考えたことをステージで発表する日だ。

　毎年2月下旬に実施し、各学年の代表生徒たちがそれぞれの発表方法で20分間のプレゼンテーションをする。加えて、テーマに関連する国の人や課題に詳しい海外の専門家などを招き、自分たちと世界のつながりを感じる2時間としている。これまで13回の実践を行ったが、毎年少しずつ改善して現在にいたっている。

　2001度はゼロからのスタートだった。準備は一部の教師と生徒が担当し、参加も有志に限られていたが、少しずつ協力を得て、2005年度からは学校全体の取り組みへと変わり、準備段階から各学年の担当教員1、2名と各クラスの準備係生徒2名（合計18名）が関わるようになった。テーマも相談して決めるようになり、発表の仕方も、一部の生徒が紹介するイベント的なものから、全員が調べたことをまず学年でグループ発表し、その後、選ばれた代表の生徒がステージで発表するように変わった。

　今回は、2011年度以降の「国際理解の日」を中心に報告したい。

2.準備作業

(1) 10月から準備スタート

　発表の準備は10月から始まる。まず各学年1人または2人、「国際理解の日」の担当教員を決める。自ら立候補する教員もいれば、今まで経験していないので勧められて担当する教員もいる。担当教員が決まると筆者との第1回目の会議をもつ。そこで、その年のテーマや、スケジュール、各学年の発表時間、昨年度の反省から確認すべき注意事項などを話し合う。会議後は、担当教員が学年会に持ち帰り、会議で決めた事を報告し、これから学年で決める事を話し合う。全ての教員の理解とチームワークが大切だ。

　2013年度は、2月下旬にドイツにある交流校の生徒が来日することが決定していたこともあり、テーマが「ドイツ」になった。テーマが決まると、各学年それぞれに準備が始まる。各学年の教員は、生徒の自主性を生かしながら、どの様な切り口であれば生徒たちが学びを深められるかを話し合う。注意が必要なのは、調べる内容が重なると発表する内容も重複しまうことだ。そのため度々確認し合う必要がある。また、発表形式も他の学年と確認しながら準備する。

　生徒たちの活動は、調べ学習から始める。調べる内容は、文化、歴史、衣・食・住、芸術、スポーツ、環境、日本との関わりなどで、学年別に重ならないように決める。

(2) 3学期の準備

　3学期のロングホームルームを使い、同じトピックについて調べた各学年の生徒たちが集まって、学びを共有する。次に、学年集会で、全員がグルー

プ発表をする。その中から生徒の意見を参考にして教員が「国際理解の日」に発表するグループを選び、学校全体での発表用にリメイクする。発表方法は、筆者が全教員に過去の事例を紹介しながら、色々な方法を示しているが、それぞれに工夫している。

　また、3学期開始後すぐに、各学年のクラスから「国際理解の日」の係を2名ずつ選出する。彼らは当日の司会、プログラムやバナーおよびポスターの作成、ゲストとの事前の連絡などを担当する「国際理解の日」の実行委員である。

3.発表の場面

　ここから、中学3年生のA君にスポットをあてて、2011年からの3年間に彼の発表スタイルがどう変わり、演劇的手法をどのように活用したのか追っていきたい。A君は学校の環境美化のために活動し、周囲から信頼されている生徒だ。2011年度のテーマは「北欧」。中学1年生のA君はサンタの衣装を着て登場し、北欧由来のブロック玩具「レゴ」について調べたことをスライドショーで発表した。A君はこの日、3年生がフィンランドの学校の教え方を演じて見せながらフィンランドの教育について発表したのを観て、刺激を受けた。

　2012年度のテーマは「モンゴル」だ。2年生になったA君は王様役で登場した。2年生は、モンゴルを舞台にした絵本の『スーホの白い馬』を用いて、劇形式で「モンゴルと日本との関わり」について発表した。劇の途中で紹介したいテーマがあると、そのシーンで役者達がフリーズし、ナレーター役の生徒が説明するというスタイルを取り、例えば競馬のシーンではモンゴルのスポーツの祭典である「ナーダム」について、また馬頭琴をつくるシーンでは「馬頭琴」について発表した。

　絵本『スーホの白い馬』を切り口にして発表することが決まった時から、A君は劇形式で発表したいと思い提案したそうだ。他の生徒もすぐに賛成した。始めは劇の上演ということを意識して、衣装や大道具などにこだわっていたが、担当の教員や筆者からのアドバイスで、上記のような形式にしたという経緯がある。

王様役になって発表したＡ君は、達成感があったと感想を述べていた。始めは緊張したが、観客の生徒たちが関心をもって観ているのがわかったそうだ。また、準備の段階で他の生徒と作り上げていく時は大変なことも多くあったが、それも楽しかったという。キャラクター作りのためには、まず自分が理解することが大切だと、時代背景や内容についてさらに調べたそうだ。スライドショーで発表するだけだったらこのような達成感は感じられなかったし、観ている生徒たちの印象も薄かっただろうとも語った。

　翌年もＡ君は自ら立候補して発表した。2013年度は「ドイツ」がテーマで、前回の発表で手応えを感じたＡ君は、さらに効果的に演劇的手法を用いて発表したいと考えた。3年生は「グリム童話」と「音楽」を切り口にした2つの発表を行うことになり、Ａ君は「音楽」を担当した。

　よりインパクトのある発表にしようと、学年担当の教員からのアドバイスも得て、バッハに扮して実際に無伴奏チェロ組曲を演奏するシーンで始めることにした。バッハのＡ君とドイツを訪れた女子生徒が、対話方式でドイツの三大音楽家やバッハの家族、日本とのつながりについて発表するというものだ。発表はこの様に始まった。

Ａ君の演奏：無伴奏チェロ組曲（15秒）
Ａ君：おほん、ただ今演奏したのは、無伴奏チェロ組曲第1番の序奏部分だ。これは私が作曲した曲だ。ぶはははははは。（Ａくん一度立ち去る。）
女子生徒：こんにちは、はじめまして。私はクラシックが大好きな女の子。今、すごくきれいなクラシックが聞こえたからついつい来ちゃったけど、たぶんバッハのはず。バッハと言えばドイツ音楽。やっぱりドイツはクラシッ

クを語る時に欠かせない国だと思うのね。見て、ドイツにはこんなにたくさんの音楽家がいるの。
　こうして女子生徒は、ドイツの三大音楽家の残る二人であるベートーヴェンとブラームスを音楽と共に紹介する。バッハの「G線上のアリア」とともに再びバッハに扮したA君が登場し、2人の会話によってバッハとドイツ音楽についてわかるような発表だ。発表前にA君には、恥ずかしがらずバッハになりきること、笑いをとるようなセリフは学びの内容が浅くなってしまうので避けること、伝えたいメッセージを分かりやすく説明することとアドバイスしていた。
　今回は更に達成感があり、役づくりのためにバッハについて調べるのも、何をどう伝えたいか他の生徒と話し合うのも楽しかったとA君は述べた。2年生の時はストーリーを追い過ぎて発表が複雑になったので、今回は伝えたいことを絞って簡潔にし、また観ている生徒にドイツの音楽について興味をもってもらえるように、誰の曲かあてるクイズなどを入れて、一緒に考えてもらうという工夫もしたそうだ。
　演劇的手法はとても有効的な手段だとA君は語る。それは、演技をする生徒も観ている生徒も興味をもって学べるからだという。興味を持って学ぶことで視野が広がり、学びを豊かにできたようだ。

4.生徒／教師の変容

　「国際理解の日」の13年間に、生徒と教員に多くの変化が生まれた。始めは準備のためにロングホームルームを使うことに消極的だった教員も、現在では学校行事として内容の濃いものにするために積極的に協力している。
　回を重ねるごとに、発表方法も進化している。たんにパワーポイントを使用して調べ学習の成果を発表するというものから、自分たちが実際に国内外で体験したものを発表するケースが多くなった。さらに、プロの演奏者やその地域出身の人々と実際に話をしたりするなど、本物を五感で感じることを大切にするようになった。
　特に顕著なのは、2011年度からは生徒の発表スタイルが多様化し、ペープサートなど演劇的表現を活用する学年も増えてきたことである。この変化

の背景には、回を重ねるうちに、もっと工夫して発表したいという思いが教員や生徒に少しずつ生まれたことがある。

　学年が上がるに連れて、生徒たちが発表の仕方を工夫するようになり、楽しみながら学んでいる。これは取り組みの大きな成果である。「国際理解の日」の体験がきっかけとなって、高校で選択科目「国際理解」を受講し、国際的な問題への関心をさらに深めていく生徒も多く現れている。

　また教員同士でも、テーマへのアプローチの仕方や生徒の認識レベルに応じた指導の工夫などについて、よく話し合いをするようになっている。演劇的手法を用いた発表に効果があることを知り、生徒と一緒に楽しむ教員も多くなってきた。

5.ふり返りの視点

　実践の後に、教員対象のアンケートを行い、成果と課題を確認している。その結果、パワーポイントを使用した一般的な発表も悪くはないが、もっと色々な手法に挑戦した方が印象に残る発表につながるということが教師側の共通認識になりつつある。

　他方、生徒が視覚的効果や演出の方に気をとられて、発表内容が浅くなってしまうケースも見られる。演技や小道具にこだわって、ただの劇になってしまったり、観客の笑いをとろうとして、発表の焦点がぼやけてしまったりということがそれである。演劇的手法の効果的な導入と、内容の探究の深まりとのバランスをどのように確保するのか、教師側の援助という点で、今後の大きな課題である。

（関根真理）

3 | 高校生プレゼンフェスタ
海外の高校生に伝えたい日本！

1.実践の条件

　「高校生プレゼンフェスタ」というのは、はじめて出会った若者たちがグループを組み、半即興型の演劇的プレゼンテーションに挑戦するプログラムだ。ここで報告するのは、2013年11月23日(祝日)に跡見学園高等学校で開催された「第13回高校生プレゼンフェスタ」の様子である。

　プレゼンフェスタには4つのねらいがある。①高校生が自らの学習・生活体験をもとに考えを発表すること、②発表することで表現能力を培い、プレゼンテーション技能を高めること、③高校生間の交流を深め、多様な考えを理解し相互理解を図る契機とすること、④仲間とともに行うリサーチワークやディスカッション、プレゼンテーションを通じて合意形成を体験することである。

　この日集まった高校生は、首都圏の8校から48名。留学生や外国人学校の生徒など、海外にルーツを持つ若者が4分の1を占めている。アメリカ、ドイツ、フィンランド、インド、タイ、韓国、中国など、豊かなバックグラウンドをもつ人たちである。

　主催は「高校生意見発表会運営委員会」(運営委員会)と「獲得型教育研究会」(獲得研)。運営委員会は獲得研の組織の一つで、ここのメンバー12名が実質的運営にあたっている。プログラムの決定、参加生徒の募集、教師の役割分担決めなどの作業がある。いったん運営委員会で大枠を決め、それを獲得研の例会で報告して全会員の協力をあおぐスタイルである。

　いつも頭を悩ませるのがテーマ探しだ。ただし、今回は「異文化間教育学会」の研究プロジェクトとして実施するという前提がある。そこから、異文化交流を意識したテーマにしようということになり、比較的すんなりと「海

外の高校生に伝えたい日本！」に決まった。ちなみに筆者は、運営委員として本事業に関わっている。

2.準備作業

(1) 当日のプログラム

　開会は10時半。そこから「ウォーミングアップ→ガイダンス＋教師のデモンストレーション→昼食＋リサーチワーク→発表準備→発表本番→ふり返り＋講評」という流れで、正味5時間半のプログラムになっている。生徒は、メイン会場の会議室と、メディアルーム、図書室、小アリーナ（鏡のある体育館のような部屋）を自由に行き来して準備を進める。そのプロセスを、関係者や見学者30名が見守っている。

(2) ウォーミングアップとデモンストレーション

　初めて会った高校生たちの関係をときほぐし、自然なコミュニケーションができるようにするのに、ウォーミングアップが欠かせない。今回は、両角桂子（埼玉県立ふじみ野高等学校・当時）と関根真理（啓明学園高等学校）が4つのアクティビティを行った。

　まず、車座にすわった生徒たちの真ん中に関根が立ち、「あっちこっち」というアクティビティをする。「朝、パンを食べた人？　ごはんを食べた人？　それ以外の人？」などとテンポよく尋ねて、該当するものに手を挙げてもらう。これでどんなメンバーが集まっているのか、およそのことが分かる。2番目は「バースデー・リング」。これは誕生日順に並んで輪を作るアクティビティだ。

　この後は、事前に決めた8グループ（各6人）での活動になる。軽く自己紹介をしあってから、3番目のアクティビティ「共通点探し」を行った。5分間で3つの共通点を見つけることが課題だ。「制服を着ている」といった外見だけでなく、「和食が好き」「楽器を弾ける」というような、自分から情報を提供しないと分からないような共通点をだして、それを共有してもらう。

　4番目のアクティビティが「ポーズ送り」。各グループのメンバーを一列に並べて、その背後に両角が立つ。最後尾の人だけ振り向かせて、両角が課題

を与えたら、その課題でポーズをとり、2番目の人にだけ見せる。こうして順番に送っていくと、少しずつポーズがずれていく。

　まず、会場の教師がデモンストレーションを行った。両角の呼びかけに応えて5人の教師が自発的に手を挙げた。課題は「ナイスキャッチ」。しかしやっていくうちに、なんと最後の教師には「怖くて逃げる人」という課題として伝わっていた。生徒の場合もそうで、グループ1～4までが「金メダル」、グループ5～8までが「満員電車」という課題が与えられたのだが、いずれもポーズが微妙にずれていき、会場が笑いの渦につつまれた。

(3) プレゼンテーション作成

　すっかりほぐれたところでガイダンス。獲得研代表の渡部淳(日本大学)が「プレゼン作成シート」に沿って流れを説明する。条件として渡部が挙げたのは、①発表時間は5分間、②全員が発表に参加すること、③身体を使って全身で表現すること、④日本語以外の言葉を使ってもかまわない、という4項目だ。

　説明のあいまに、再度、教師のデモンストレーションをはさんだ。ディベート発表「大阪弁を共通語に」(3対3のディベート)である。大阪弁の親しみやすさを強調する肯定側、「ニュースをぜんぶ大阪弁で読まれてごらんなさい。どうなると思います」と牽制する否定側、丁々発止のやりとりと関西弁でのみごとな演技に、生徒から歓声が上がる。

　いよいよお題の発表である。本日のお題「海外の高校生に伝えたい日本！」が発表されるや、会場に「オーッ!!」というどよめきが起こった。早速、渡部が取り組みの参考例を挙げる。例えば、テーマに「おもてなし」や「もったいない」を選んでもいいし、場面設定として「日本に来た留学生に日本のことを教える」や「海外の高校にビデオレターを送るため、日本のCMを作る」なども良いだろうという具合だ。

　ここから2時間で発表までこぎつける。昼食を食べながら相談したり、コンピュータ室で日本の着物の柄を調べたり、五重の塔の写真を印刷したりと活発な活動をした後、最後はどのチームも小アリーナに移動して、せりふと動きを確認していた。

3.発表の場面

　今回、高校生たちが取り上げたテーマは、日本人の親切心や思いやり、高校生のスクールライフ、サブカルチャー、伝統文化とさまざまである。概して、日本の技術力、人々の思いやりや治安の良さなどを肯定する見方が多かったが、その一方で、周りの人に合わせがちで自己主張が弱いという指摘、もっと海外の良いところを取り入れたり、ほかの国の文化を学ぶ姿勢が大切だという主張もあった。

　発表形式も、スキットあり、ダンス・パフォーマンスありと、じつに多彩である。フランスでは日本アニメの市場占有率が8割を超していると統計数字を示すチーム、アニメのキャラクターをお面にしたてて登場するチームなど、ネットでえた情報を巧みに組み込んだ発表をつくっている。
若者の恋愛観を追究した「ヨッシー」チームは、外国人高校生カップルと日本人高校生カップルの交際ぶりの違いを、上手と下手の振り分けで演じてみせた。しかも、解説者のコメントつきである。バレンタインデーからホワイトデーまで、若者たちの行動を時間的推移にそって演じるという巧みな構成で会場を沸かせた。

　ベスト・プレゼン賞をとった「Japan Warmth」チームは、日本を紹介するTV番組という設定で発表した。浅草と京都の街頭から外国人レポーターが日本人の行動パターンを実況中継する。このチームも振り分けで日本人の行動パターンを分析してみせる。スタジオと現地をつなぎ、浅草では若者がお年寄りに席を譲る様子を中継、京都では「ゴミ拾いマイスター」なるプロを登場させて、優雅で素早い身のこなしで通りをきれいにする様子を見せる。レポーターが若者とゴミ拾いの達人それぞれにインタビューすると、その都度スタジオのコメンテーターが解説を加えるという構成だ。ゴミ拾いマイスターなど、なんだか本当にいそうな気がするから面白い。

4.生徒のふり返りと講評

　すべての発表のあとで、グループごとにふり返りの時間をもった。自分たちの発表についてだけでなく、ほかのグループの発表についても、各グルー

プの代表に感想を発表してもらった。「時間内に完成できてよかった」「いろいろなアイディアを出し合えた」「違う意見を聞くことができた」など肯定的なものが多かった。

　生徒のふり返りに続き、渡部と吉田真理子（津田塾大学）の2人が、発表の講評をする。このフェスタは発表の優劣を競うものではないから、講評ももっぱらプレゼンテーションの特徴や良いところを指摘する。それに健闘を讃えてすべてのグループに何らかの賞をだす。賞名も「ベスト構成力賞」「テーマ追究賞」など、内容に沿ったユニークなものだ。「場面転換が見事」「インパクトのある構成」といったコメントを聞いて、生徒たちが嬉しそうな表情を見せている。

5.生徒／教師の変容

　生徒の残したふり返りシートを読むと、「達成感がある」「疲れたがとても楽しかった」「今日初めて会ったのに、とてもコミュニケーションがとれて安心した」などの感想が圧倒的である。ここから、彼らが難しい課題に挑戦してやり終えた充実感や、協力して課題に取り組めたという手ごたえなどを感じている様子がうかがえる。

　また、「ほかのグループからいろいろ学ぶものがあった」として、テーマの設定や全体の流れ、わかりやすい説明、ユーモアのセンス、小道具の使い方など数多く挙げている。

　見学者のコメントシートを読むと、高校生が難しい課題に取り組みながら、多様で豊かな発表をしたことに驚いている様子がうかがわれる。「社会人にはない高校生の柔軟さに驚いた」「短い時間の中でチームビルディングやリ

サーチワーク、発表と準備が見事に行われた」「初めて出会った人と、感じ方、考え方の違いをすり合わせながら準備をして発表したことを、生徒がとても楽しんでいたことに感銘を受けた」などで、ここからも今回の成果のほどがうかがえる。

　ファシリテーターを務めた両角は、このような実践に取り組み続けることで、教師も従来型の「チョーク＆トーク」の授業から解放されるのではないか、と述べている。また、プレゼンフェスタに限らないが、獲得型のアクティビティは、対象の生徒や環境条件が異なると、同じ教師がやっても同じような展開にはならない。そこが醍醐味だとも指摘している。

6.ふり返りの視点

　開催目的の①〜④に照らして、今回のプレゼンフェスタは、十分にそのねらいを達成したということができる。

　ただ同時に、いくつかの改善点も指摘されている。たとえば作成プロセスでは、コンピュータ室で調べることに時間を取られてなかなか立ち稽古を始められないグループがあったこと、また、せっかく多様な文化的背景をもつ生徒が集まっているのに、お互いの経験をリソースとして十分に使いきれていなかったのではないか、などが挙げられている。

　こうした反省を活かすことで、会を重ねるごとに、運営の仕方も洗練されていくことだろう。

〈辻本京子〉

[参考文献]
高校生意見発表会運営委員会、獲得型教育研究会、異文化間教育学会編『第13回高校生プレゼンフェスタ報告書』2014年3月刊

4 | 教師たちのプレゼンフェスタ
ニュース・ショー形式で考える東京大空襲

1.実践の条件

　獲得型教育研究会(略称:獲得研)では、「高校生プレゼンフェスタ」の開催と並行して、半即興型プレゼンテーションを指導するための研修をしている。本稿は、2015年1月の新春合宿で実施した研修プログラム「教師たちのプレゼンフェスタ」の報告である。獲得研のメンバー15人が、「東京大空襲・戦災資料センター」(:以下センターと略記　江東区北砂1丁目5-4)での取材をもとに、3つのチームに分かれてそれぞれ5分間のプレゼンテーションをつくった。

　今回のプログラムには大きく2つのねらいがある。第1は、これから全国各地でやる「あかり座公演」に向けた準備作業である。地元の博物館などをつかって、教師と生徒が演劇的プレゼンテーションをつくるワークショップが計画されている。

　第2は、平和教育のためのプログラム開発である。このことについて少しだけ説明させていただこう。いま「語り部」の方々の高齢化がすすみ、戦争体験の継承ということが大きな課題になってきている。曲がり角にさしかかった平和教育の分野で、獲得研として貢献できることがあるのではないか。その模索の一つが、学習者の表現活動を軸にした平和教育プログラムの提案である。昨年は「第五福竜丸記念館」でリサーチワークをしてから、演劇的プレゼンテーションをつくった。今回の試みはその延長線上にある。

　筆者は20年近く戦争体験の継承をテーマに活動している。2009年夏には、センターで学芸員実習をうけたのをきっかけに、主任研究員の山本唯人氏らと「『表現活動』を中心にした戦争体験継承のプログラム」の開発を手掛けている。こうしたつながりから、今回のコーディネーターを引き受けることになった。

事前にセンターで3回打ち合わせをし、テーマを「戦後70年　日本の過去・現在・未来：東京大空襲をくぐり抜けて」とした。先述した通り、発表の技法は、ニュース・ショー形式とあらかじめ決められている。

2.準備作業

プレゼンテーション会場は、「Bumb東京スポーツ文化館」（江東区夢の島3-2）の会議室である。半即興という性格上、運営委員以外のメンバーには、当日まで、テーマも訪問場所も明かしていない。では、プレゼンテーションの作成過程をたどってみよう。

(1) **ガイダンス**(15分)

朝9時に多目的スタジオに集合。軽く身体を動かした後、テーマ、目的、訪問地、グループ分けを発表する。会場からは一斉に「ほーっ」という声が。そう来たのか、という感じだろう。メンバーには教師2年目の新人から退職教員までいる。そこで、年齢、教科、性別などのバランスを考慮してグルーピングを行った。出発前に絵本『おはじきの木』（あまんきみこ）の読み聞かせをして、心の準備をしてもらった。タクシー4台に分乗し、15分ほどでセンターに到着。

(2) **リサーチワーク**(2時間)

A) **センターの概要説明**(30分)

まず2階の会議室で、山本唯人主任研究員にセンターの成り立ちなどを説明してもらった。いまセンターも、若い世代に体験を伝えるノウハウの開発を行っている。[注1]

B) **空襲体験の証言**「あの夜、何が起こったか」(30分)。

国民学校2年生で被災した語り部の二瓶治代（にへい はるよ）さんが、こんなお話をしてくださった。

亀戸駅の近くに、両親と妹の4人家族で暮らしていた。3月9日の午後10時過ぎに警戒警報が鳴ったが、そのときは父親の「大丈夫そうだから」の声で安心して床についた。しかし、12時過ぎの空襲で、あたり一面がたちまち火の海となった。地面に炎がうずまいている。母、妹と離ればな

れになり、父親と一緒に逃げた。国鉄（現JR）の土手に避難する途中、荷をつんだ馬が暴走し御者ともども火焔に巻き込まれる様子を見た。

　そのうち強風で身体ごと吹き飛ばされ、父ともはぐれた。炎の中をどう逃げ惑ったか記憶がない。風の中で、緑色っぽい火をはなって燃え上がる人をみた。日頃から「火を見たら消せ」と言われていたので、近づいていくと「そんな所にいたら死んじゃうよ」という声が聞こえてきた。そして、だれかに右腕をつかまれぐんぐん引っ張られた。「お父さんなの？お父さんなの？」と何度も叫んだが返事がない。やがて体が硬直してきて地面にしゃがみこんだところまでは覚えているが、あとは意識を失った。

　10日の朝5時ごろ、折り重なる死体の下から、父によって引きずり出された。多くの人たちの下敷きになったことで、身体を焼かれずにすんだのだ。やがて母と妹にも再会できたが、妹はふくらはぎに大やけどを負い、長いあいだ苦しむことになった。

　「戦争のないこと、それが平和の基本です。わたしたちは、人の思いやり、やさしさによって助かりました。人を思いやる優しい気持ちがつながったとき、人は生きられるのです。わたしはそう思います。何とかして憲法9条を守っていきたい」

C）資料見学（40分）

　会議室の一角に焼夷弾でえぐられた古いピアノが置かれている。3階の展示室には、溶けたガラス盃、焼夷弾、防毒マスク等がテーマに沿って並べられている。

（展示内容は以下のサイトに詳しい。http://www.tokyo-sensai.net/）

　見学終了後、合宿場所へ戻って、プレゼン作成に入った。

(3) プレゼンテーション作成（1時間半）

　昼食時間をはさんでいるとはいっても、ほんの短い時間で、「テーマ決め→脚本作り→配役→リハーサル」をこなすことになる。だが、さすがに研究会のメンバーは立ち上がりが早い。身体を動かしながらどんどん創り上げていく。私は、ファシリテーターに徹して、3グループの様子を見て回った。

　とくに心がけたのは、追加情報の提供などのリソース・パーソンの役をすることだ。メンバーの質問に答えて、Aグループには二瓶治代さんの略歴、Bグループには米軍司令官のルメイ将軍が、戦後日本政府から叙勲されたことなどの情報を提供した。こうしていよいよ発表時間になる。

3.発表の場面

　会場は、50～60人入る会議室である。テーブルを部屋の後ろに寄せて、前方に広い空間をつくった。できあがったプレゼンをみると、3グループの視点がそれぞれ違っている。Aチームは、日米の双方の資料で構成する「戦後80周年」の特別番組。上手と下手の振り分けで、上手は米軍の作戦会議の場面と爆撃の場面、下手では摂氏千度の猛火のなかを逃げまどう家族の場面を交互に演じていく。Bチームは、現代の討論番組という設定。大空襲の司令官カーチス・ルメイの孫と早乙女勝元さんが、インタビューにこたえてそれぞれの主張を語る。

　5場面からなるスキットがテンポよく展開するCグループの発表『本当のことって何？（防空法のかげで）』を見てみよう。

〈場面1〉　**新型TVが家に届く。**
　家族4人でリモコンをチェックしているとBF（バック・トゥ・ザ・フューチャー・チャンネル）ボタンがあるのに気づく。押してみると戦時中のニュース番組にタイムスリップ。

〈場面2〉　**ニュース番組**（1945年3月9日）
　内務大臣をゲストにむかえて「防空法」の解説をする。まず現地レポーターが、国民学校と町内会の意気盛んな防空訓練の模様を伝える。消防士は逃げてはいけない、住民も避難しないで消火に努めるべし、手袋で焼夷弾をつか

めば処理できる、などのエピソードが入る。内務大臣は上機嫌。しかし楽屋では、気を許した部下に、防空法のねらいが国威発揚と人材確保にある、と打ち明ける。

〈**場面3**〉　**ニュース番組・山手空襲実況中継**（5月25日）

　臨時ニュース。空襲でわれ先に避難する住民たち。現地レポーターは大慌て。

〈**場面4**〉　**ニュース番組・住民インタビュー**（5月26日）

　キャスターは、防空法のおかげで被害者が少なかったとコメント。しかし、マイクを向けられた住民たちは、防空法にあえて従わなかったからこそ助かったのだと口々に言い始める。キャスターが慌てて中継を打ち切る。

〈**場面5**〉　**家族のシーンに戻る。**

番組を消す。家族みんなで「本当のことって、いったい何なのだろうねえ？」と首をかしげ、観客に課題をなげかけて終了。

　ちょっと間があって、他のチームから大きな拍手がおこった。下町大空襲の被害が大きくなった原因の一つが避難の遅れにあること、また山手空襲の被害が比較的少なかったのは、下町大空襲の様子を知った住民が自主的に避難したからだということが知られている。Cチームは、このことを対比して演じている。

　ちなみに、1937年に制定された防空法は、41年の改正で「都市からの退去禁止（8条の3）」「空襲時応急防火の義務（8条の7）」の規定が追加され、あらかじめ、都市からの転居もできず、空襲の猛火からも逃げてはいけないということになった。防火義務に背くと「五百円以下の罰金に処す」と定められて

いて、住民はすぐに避難することができなかった。推定10万人以上とされる3月10日の死者の数が、5月24日・25日の山手空襲(死者4400人余り)に比べ極端に多かったのも、この点に起因するのではないかと考えられている。Cグループの発表については、現在と過去を結ぶ「BFチャンネル」というしかけが面白かった、下町爆撃と山手爆撃の対比が分かりやすい、「本当のことって何?」という問いかけが印象に残った、メディア・リテラシーの問題として現代にも通ずる内容だった、などのコメントがあった。

4.参加者の変容

いつも感じることだが、空襲体験者の証言はあまりにも衝撃的で重い。それだけに、ややもすると若者たちが体験話を忌避するような傾向を生じかねない面もある。また、せっかく貴重な証言を資料館から持ち帰ったとしても、時間の経過とともに風化させてしまう心理的な脆さも私たちにはある。

では、資料館で受けた刺激をその場で咀嚼し表現活動にまで展開することに、どのような意味があるのだろうか。情報をただ受信するだけでなく、発信型の学習モードに変換すること、それは学習者の内面をくぐらせる学びである。それについて、メンバーから次のような感想がでた。「正直言って重いテーマだった。ただ今日のように表現を創るという方法で向き合う仕方もあると思った。自分の体をくぐらせることで、どこかすがすがしい気持ちが残る。やってよかった」。ここでは、"表現する学び"の手ごたえと味わいが語られている。

5.ふり返りの視点

最後に、表現活動を通じて戦争体験の継承がどのようになされうるかについて、若干の考えを述べてみたい。

獲得研代表の渡部淳は、演劇的活動を通した「自己(存在)への気づき」の重要性に注目する。協同の学びが、コミュニティーの中で自らが果たす役割への気づきにつながり、自律的市民としての自覚にもつながる、という指摘だ。

演劇的手法による学びが、異なる世代との対話を可能にする。そして、他者の戦争体験を自分の内側で反芻することが、現代を読み解く新たな視点の

獲得にもつながっていく。「本当の情報は自分の力で、全身で獲得するべきだ」というCグループのメッセージにふれて、それを強く感じた。

東京大空襲70周年のこの年（2015年）、筆者の勤務校が刊行した『東京大空襲をくぐりぬけて』が、NHKテレビや読売新聞、朝日新聞などで紹介され、大きな反響を呼んでいる。編集作業にかかわった一人として、この資料をどう教育実践につなげていくのか、それも大きな課題だと思っている。

注1：センターは「東京空襲を記録する会」の意思を引き継いだ約4000人の募金がもととなり2002年に設立された。現在は、公益財団法人政治経済研究所の付属施設の「民設民営」の資料館（館長　早乙女勝元氏）として運営されている。
　展示資料の特徴：個人の体験記や寄贈資料、アメリカ軍の公文書や写真資料を展示。最近では、証言映像を収録し、デジタル技術を活用して公開している。『都内戦災殉難者霊名簿』（約3万人分。1952-55東京都作成）のデータベース化、被災地図の製作等も行っている。
　昨年は、3日間にわたって「秋の平和文化祭2014」を開催した。初日は、音楽劇と折り紙ワークショップ、2日目は、学生映画祭とシアタートーク。3日目は、鈴木志郎康さんの詩の舞台をフィールドワークした映像作品の上演、というプログラムである。

[参考文献]
早川則男(1999)『生徒とともに学ぶ戦争体験』銀の鈴社
渡部淳＋獲得型教育研究会(2014)『教育におけるドラマ技法の探究』明石書店
水島朝穂・大島治(2014)『検証　防空法』法律文化社
学校法人中村学園・小林和夫編(2015)『東京大空襲をくぐりぬけて　中村高等女学校執務日誌』銀の鈴社

（早川則男）

あとがき

　本書の刊行に、4年の歳月を要した。では、どのようにしてできあがったのか。獲得型教育研究会（略称：獲得研）の研究スタイルの説明も兼ねて、ここでは本書の成り立ちについて簡単に紹介させていただこう。

　第1部でもふれたが、獲得研は、「アクティビティの体系化」と「教師研修プログラムの開発」という二つの大きな目的をもっている。その達成のために、ワークショップでアクティビティの汎用性を検討したり、実際の授業にアクティビティを導入してその結果を検証したりする、という作業をたゆまず続けてきた。

　本書の刊行準備は、2011年の夏にはじまった。獲得研シリーズの第2巻『学びへのウォーミングアップ』の刊行と相前後して、先行研究の調査をスタートさせたのである。

　最初の山場が、2012年の新春合宿のときにやってきた。出版のコンセプトを、みんなで議論したときのことだ。とりわけ焦点になったのが、数あるアクティビティの中のどれを本書に収録し、それらをどんなカテゴリーで分類するのか、という点である。

　あれやこれや色々な案がでて、紆余曲折があったが、最終的には「表現活動の三つのモード」（ことば、もの、身体）に対応するカテゴリーで章立てする、という案に落ち着いた。このカテゴリーこそ、獲得研の共同研究のオリジナリティを示すものだからである。

　ここでの話し合いを契機として、つぎのステージに入った。①収録するアクティビティの絞り込み→②編集委員による「解説編」のラフ原稿作成→③「実践編」の執筆担当者決定→④執筆担当者による試行実践＋実践報告→⑤原稿執筆、という流れである。

　この間のプロセスでもっとも特徴的なのは、③の段階で、執筆担当者をエントリー方式で決めたことである。執筆してみたいと思うアクティビティに対して、会員が自分の判断で手を挙げる方式だ。もちろん項目によっては重複エントリーが生じるので、それなりの調整は必要である。しかし、ともかくも会員の自発性に依拠して執筆担当者を決める、とした点がポイントであ

る。

　こうして初稿が出揃ったのが、2014年の秋のこと、この段階までで3年が経過している。そこから更に1年かけて、原稿の改訂と「コラム」の追加を含む編集作業を続け、ようやく刊行に漕ぎつけることができた。

　獲得研では、創設から足かけ10年の間に、97回の定例研究会をもち、5000通を超えるメールのやりとりを会員同士で重ねてきた。このことが象徴する通り、私たちがコツコツやってきた「アクティビティの体系化」という仕事は、辞書をつくるのにも似たとても地味な作業であり、いわば民主的な市民社会を形成するための基礎作業である。ただ、それこそが私たちのミッションだと思い定めている。

　2020年の学習指導要領の改訂に向けて、アクティブ・ラーニングが、にわかに注目を集めている。今回は、90年代の「ディベート・ブーム」の時のような、特定の技法への注目とは違い、学習システムの改革を視野に入れている点で、時代の変化をより切実に反映している。アクティブ・ラーニングに注目が集まるのは喜ばしいことなのだが、ただ私たちのこれまでの経験からして、アクティビティの普及なしには、おそらくアクティブ・ラーニングの定着も難しいだろう、と考えている。

　その意味で、私たちの研究もいよいよ正念場を迎えている。「せっかく未開拓の領域にふみだしたのだから、とにかく行けるところまでいってみようよ」、そんなことをメンバーで語り合いながら、これまでと同様、これからもアクティビティ研究を続けていくことになる。

　最後になるが、獲得研シリーズの第1巻『学びを変えるドラマの手法』から装丁を担当してくださっている宮脇宗平さん、そして獲得研の活動に共鳴し創設時から全面的にサポートしてくださっている旬報社編集部長の田辺直正さんに心からお礼を申し上げます。

　2015年10月

渡部　淳　　記す

［編集代表］**渡部 淳**

日本大学文理学部教授（教育実践研究、教育内容・方法論） 1951年秋田県生まれ。2006年に「獲得型教育研究会」を創設。日韓米の高校生が演劇的発表を創り出す「グローバル・クラス」など、数々の実験的プログラムの運営に携わり、教育における演劇的手法の可能性を国際的な視野で研究している。著書に、『国際感覚ってなんだろう』（岩波ジュニア新書）、『教育における演劇的知』（柏書房／第42回演劇教育賞・特別賞）、『中高生のためのアメリカ理解入門』（編著、明石書店）、『教師 学びの演出家』（旬報社）、『大学生のための 知のスキル 表現のスキル』（東京図書）、『教育方法としてのドラマ』（J. ニーランズと共著、晩成書房）などがある。

獲得型教育研究会

「参加型アクティビティの体系化」と「教師研修プログラムの開発」を目的として2006年に創設。小学校から大学までの教師など50名で構成。会員の居住地は、北海道から沖縄、また海外に及ぶ。「会員＝"獲得研シリーズ"の執筆者」という実験的な性格から、これまで会員数を限定してきたが、創設10周年を機に、会員数を徐々にふやす方向にむかっている。

シリーズ本として、第1巻『学びを変えるドラマの手法』、第2巻『学びへのウォーミングアップ』を旬報社から刊行、この『教育プレゼンテーション』はシリーズ第3巻にあたる。またシリーズ本とは別に、研究書『教育におけるドラマ技法の探究』（明石書店）などを刊行している。出版活動と並行して、研究成果の普及と会員の自己研修のために、全国各地で「あかり座」公演（公開授業＋ワークショップ）を展開中である。代表：渡部淳、ホームページ：http://www.kakutokuken.jp/

[執筆者]

青木幸子（昭和女子大学准教授）
小菅望美（群馬県渋川市立豊秋小学校教諭）
小松理津子（秋田県立秋田明徳館高等学校教諭）
杉山ますよ（早稲田大学講師）
住川明子（跡見学園中学高等学校副校長）
関根真理（啓明学園中学高等学校国際交流コーディネーター）
仙石桂子（四国学院大学専任講師）
高尾隆（東京学芸大学准教授）
田ヶ谷省三（立川市生涯学習指導協力者）
武田冨美子（立命館大学准教授）
＊辻本京子（文化交流工房）
中野貴文（東京女子大学准教授）
＊初海茂（八王子市立松木中学校・日本大学講師）
早川則男（中村高等学校教諭）
林久博（成蹊小学校教諭）
藤井洋武（日本大学・東海大学・川崎市立看護短期大学講師）
藤田真理子（北海道大谷室蘭高等学校教諭）
藤牧朗（目黒学院高等学校教諭）
藤光由子（西オーストラリア州教育省教育アドバイザー）
槇野滋子（岡山県立津山商業高等学校校長）
Gehrtz三隅友子（徳島大学教授）
三宅典子（岡山市立後楽館高等学校教諭）
＊宮崎充治（桐朋小学校教諭）
室中直美（国際文化フォーラム）
＊両角桂子（埼玉県立所沢北高等学校教諭）
八木ありさ（日本女子体育大学教授）
吉田真理子（津田塾大学教授）
＊和田俊彦（跡見学園中学高等学校教諭）
渡辺貴裕（東京学芸大学准教授）

＊＝編集委員　（所属は2015年8月現在）

教育プレゼンテーション
目的・技法・実践

2015年12月1日　初版第1刷発行

編者	渡部 淳＋獲得型教育研究会
ブックデザイン	宮脇宗平
発行者	木内洋育
編集担当	田辺直正
発行所	株式会社旬報社
	〒112-0015 東京都文京区目白台2-14-13
	電話（営業）03-3943-9911
	http://www.junposha.com/
印刷・製本	中央精版印刷株式会社

©Jun Watanabe et al. 2015, Printed in Japan
ISBN 978-4-8451-1417-7